新时代马克思主义经典文献精学导读丛书

主编/顾海良

《湖南农民运动考察报告》精学导读

林绪武◎著

科学出版社

北　京

内 容 简 介

　　《湖南农民运动考察报告》是毛泽东全面阐述农民问题的一部经典文献，是毛泽东开展调查研究的经典范本。本书详细介绍了《湖南农民运动考察报告》的写作背景和文本内容，重点阐释了农民运动的十四件大事。本书力图在新时代的现实语境下阐明《湖南农民运动考察报告》的理论穿透力和强大生命力，帮助读者在《湖南农民运动考察报告》的文本中深刻领会新时代中国特色社会主义的"三农"问题，深入理解马克思主义中国化时代化的理论依据、现实条件和历史根源。

　　本书可供广大群众、党员干部，以及从事马克思主义理论和中共党史党建研究的读者学习和阅读。

图书在版编目(CIP)数据

《湖南农民运动考察报告》精学导读 / 林绪武著. --北京：科学出版社，2025. 7. -- （新时代马克思主义经典文献精学导读丛书 / 顾海良主编）. -- ISBN 978-7-03-082485-1

Ⅰ. A841.22

中国国家版本馆 CIP 数据核字第 2025DU9611 号

责任编辑：丁　川 / 责任校对：王晓茜
责任印制：师艳茹 / 封面设计：润一文化

科 学 出 版 社 出版

北京东黄城根北街 16 号
邮政编码：100717
http://www.sciencep.com

天津市新科印刷有限公司印刷
科学出版社发行　各地新华书店经销

*

2025 年 7 月第 一 版　开本：720×1000　1/16
2025 年 7 月第一次印刷　印张：11 3/4
字数：120 000

定价：**58.00 元**
（如有印装质量问题，我社负责调换）

丛书编委会

主编： 顾海良

成员： （以姓氏拼音字母为序）

艾四林　陈锡喜　丰子义　李佑新　刘　军

佘双好　孙蚌珠　孙代尧　孙来斌　孙熙国

王　东　王公龙　王宏波　王树荫　肖贵清

徐俊忠　张雷声

总　序

　　"新时代马克思主义经典文献精学导读"是根据新时代学习马克思主义经典著作的需要，对各主要的经典著作所蕴含的马克思主义基本原理及其精神实质作出学习和研究性导读。

　　马克思主义基本原理是马克思主义的理论精粹，体现了马克思主义的根本性质和整体特征，体现了马克思主义立场观点方法的核心要义，体现了马克思主义科学性、人民性、实践性和时代性的思想特征。习近平总书记指出："掌握马克思主义，最重要的是掌握它的精神实质，运用它的立场、观点、方法和基本原理分析解决实际问题。"①在坚持和发展中国特色社会主义中，我们说"老祖宗"不能丢，在根本上就是马克思主义基本原理不能丢。

　　马克思主义基本原理深刻地蕴含于马克思主义经典著作之中；马克思主义经典著作是马克思主义基本原理的思想本源和理论基础。同时，马克思主义经典著作也蕴藏着马克思主义经典作家汲取人类探索真理的丰富的思想成果，深刻展现了马克思主义经典作家攀登科学高峰、矢志追求真理的精神境界。深入研读马克思主义经典著作是理解和掌握马克思主义基本原理

---

　　① 习近平：《中国共产党 90 年来指导思想和基本理论的与时俱进及历史启示》，《学习时报》2011 年 6 月 27 日。

的必修课，也是理解和掌握马克思主义理论体系的基本功。如习近平总书记所指出的："共产党人要把读马克思主义经典、悟马克思主义原理当作一种生活习惯、当作一种精神追求，用经典涵养正气、淬炼思想、升华境界、指导实践。"①

"马克思主义就是我们共产党人的'真经'，'真经'没念好，总想着'西天取经'，就要贻误大事！"②在提到学习《共产党宣言》的重要意义时，习近平总书记提出："广大党员、干部特别是高级干部要学好用好《共产党宣言》等马克思主义经典著作，坚持学以致用、用以促学，原原本本学，熟读精思、学深悟透，熟练掌握马克思主义立场、观点、方法，不断提高马克思主义理论素养。"③理论联系实际，在深化马克思主义经典著作研究阐释中，"推进经典著作宣传普及，让理论为亿万人民所了解所接受，画出最大的思想同心圆"④。

"新时代马克思主义经典文献精学导读"对各经典著作的研究阐释，由北京大学、中国人民大学、北京师范大学等高校马克思主义学院从事马克思主义经典著作教学和研究的学者担纲。在对各经典著作的研究阐释中，首先力求对各经典著作形成的社会和历史条件作出准确解读，凸显相应的马克思主义基

① 《十九大以来重要文献选编》上，中央文献出版社 2019 年版，第 434 页。
② 《习近平关于全面从严治党论述摘编》，中央文献出版社 2016 年版，第 66 页。
③ 习近平：《中国共产党是〈共产党宣言〉精神忠实传人》，《人民日报》2018 年 4 月 25 日。
④ 习近平：《深刻感悟和把握马克思主义真理力量 谱写新时代中国特色社会主义新篇章》，《人民日报》2018 年 4 月 25 日。

本原理形成和发展的思想基础和理论背景；其次力求对各经典著作理论内涵和精神实质作出系统导读，彰显新时代学习和实践相应的马克思主义基本原理的理论意义和现实意义；最后力求对经典著作中体现的科学原理和科学精神相结合的思想特征作出全面论述，更为深刻地理解"历史和人民选择马克思主义是完全正确的，中国共产党把马克思主义写在自己的旗帜上是完全正确的，坚持马克思主义基本原理同中国具体实际相结合、不断推进马克思主义中国化时代化是完全正确的"①。

"要以科学的态度对待科学，以真理的精神追求真理，不断赋予马克思主义以新的时代内涵。"②习近平新时代中国特色社会主义思想就是当代中国马克思主义，就是 21 世纪马克思主义。学习马克思主义经典著作，要同学习习近平新时代中国特色社会主义思想结合起来。在这一结合中，更为深刻地理解习近平新时代中国特色社会主义思想，更有定力、更有信心，也更加自觉、更加自信地坚持和发展新时代中国特色社会主义，确保中华民族伟大复兴的巨轮始终沿着正确航向破浪前行。

顾海良

2019 年 11 月 1 日

---

① 《十九大以来重要文献选编》上，中央文献出版社 2019 年版，第 427—428 页。

② 习近平：《深刻感悟和把握马克思主义真理力量　谱写新时代中国特色社会主义新篇章》，《人民日报》2018 年 4 月 25 日。

目　　录

第一章　《湖南农民运动考察报告》的写作背景 …………… 1

一、国际背景 ……………………………………………… 1

二、国内背景 ……………………………………………… 5

三、历史背景 ……………………………………………… 13

第二章　《湖南农民运动考察报告》的形成过程 …………… 29

一、《湖南农民运动考察报告》的成稿 …………………… 29

二、《湖南农民运动考察报告》的发表 …………………… 36

三、《湖南农民运动考察报告》的版本差异 ……………… 41

第三章　农民问题是中国革命的重要问题 …………………… 52

一、中国农民问题的严重性 ……………………………… 52

二、对待农民问题的三项选择 …………………………… 57

第四章　湖南农民运动的两个时期 …………………………… 62

一、湖南农民运动早期的发展 …………………………… 62

二、湖南农民运动的组织时期 …………………………… 65

三、湖南农民运动的革命时期 …………………………… 71

四、中国共产党在湖南农民运动发展中的主导作用 …… 73

第五章　湖南农民运动攻击的对象和目标 …………………… 77

一、打倒土豪劣绅 ………………………………………… 77

二、一切权力归农会 ……………………………………… 80

第六章 对湖南农民运动错误思想的驳斥 ……………… 84

一、各方对湖南农民运动的不同态度 …………………… 84

二、各方对农民运动的批评 ……………………………… 86

三、《报告》对错误思想的驳斥 ………………………… 90

四、党内意见持续分歧 …………………………………… 97

第七章 国民革命中农民的不同面相 …………………… 101

一、毛泽东对农民阶级的认识 …………………………… 101

二、农民阶级中各阶层对革命的态度 …………………… 104

三、毛泽东对农民阶级认识的深入 ……………………… 109

第八章 农民运动的十四件大事（上） ………………… 111

一、建立农会组织 ………………………………………… 111

二、政治上打击地主 ……………………………………… 113

三、经济上打击地主 ……………………………………… 118

四、推翻土豪劣绅的封建统治 …………………………… 122

五、推翻地主武装，建立农民武装 ……………………… 127

第九章 农民运动的十四件大事（中） ………………… 130

一、推翻县官僚政权 ……………………………………… 130

二、推翻族权、神权、夫权 ……………………………… 133

三、普及政治宣传 ………………………………………… 137

四、农民诸禁 ……………………………………………… 141

五、清匪 …………………………………………………… 145

第十章 农民运动的十四件大事（下） ………………… 148

一、废除苛捐 ……………………………………………… 148

二、文化运动 …………………………………… 150

三、合作社运动 ………………………………… 153

四、修道路修塘坝 ……………………………… 156

第十一章 《湖南农民运动考察报告》对马克思主义
中国化的时代意义 ………………………… 157

一、丰富和发展了马克思主义关于农民问题的理论 … 157

二、丰富和发展了马克思主义关于革命问题的理论 … 159

三、丰富和发展了马克思主义关于调查研究的理论 … 162

第十二章 《湖南农民运动考察报告》对新时代中国
特色社会主义的意义 ……………………… 166

一、新时代中国特色社会主义仍然要高度重视
"三农"问题 ………………………………… 166

二、新时代中国特色社会主义依然要大力弘扬
调查研究 …………………………………… 170

三、依靠人民群众、尊重人民群众首创精神的
新时代意义 ………………………………… 173

第一章 《湖南农民运动考察报告》的写作背景

《湖南农民运动考察报告》是以毛泽东同志为主要代表的中国共产党人，致力于解决农民这一中国革命重要问题的开篇之作。那么，毛泽东为什么要关注这一问题并撰写这一著作呢？应当说，这主要是基于当时重要的国际背景、错综的国内背景和复杂的历史背景。

一、国 际 背 景

中国革命的很多问题都同国际因素紧密相联，中国农民问题的形成和解决同样离不开当时的国际因素，毛泽东正是在这样的背景下思考、分析和解决中国农民问题的。

（一）俄国十月革命的胜利与共产国际的成立

1917 年 11 月 7 日，俄国十月革命的伟大胜利，建立了世界上第一个社会主义国家，实现了马克思主义由科学理论到具体实践的伟大飞跃，鼓舞了世界上其他国家无产阶级的革命信心。芬兰、希腊、奥地利、匈牙利、波兰、德国和阿根廷相继成立了共产党，瑞士、罗马尼亚、捷克斯洛伐克、英国和法国等纷纷建立了共产主义小组，欧洲出现了一波社会主义革命高潮。在此形势下，以列宁为首的布尔什维克党同各国无产阶级政党做出成立共产国际的决定，以团结无产阶级，共同抵抗帝国主义。可以说，共产国际的成立是一定历史条件下的必然产物，是国际共产主义运动发展到一定阶段的合理的、必然的结果。

1919 年 3 月 2 日至 6 日，共产国际的第一次代表大会在莫斯科举行，来自 21 个国家的 52 名代表出席会议。刘绍周和张永奎作为中国代表列席了此次会议。会议审议通过的共产国际的理论纲领，将建立苏维埃政权、实现无产阶级专政作为共产国际的总方针。共产国际成立后，国际革命运动取得了重大发展。在列宁的领导下，俄国共产党立刻投身世界革命浪潮，声援和捍卫俄国苏维埃社会主义政权，帮助各国无产阶级建立共产党，指导和帮助发动革命。[①]随之举行的俄共（布）第二次西伯利亚代表会议，决定"在远东建立西伯利亚区委情报宣传局"，职责为"与东方和美国的共产党人建立联系，组织交换情报的工作，进行口头和书面宣传"等。6 月，俄共（布）西伯利亚区委的负责人加蓬考虑到在东方开展革命运动的需要，提议在区委下"设一个有远东各国人民（包括中国）的代表参加

---

① 季正聚：《列宁传》，天地出版社 2018 年版，第 360—361 页。

的东方局"，即俄共（布）远东局，主要任务是"与远东各国的革命力量建立密切的联系和帮助这些国家建立共产党组织"。[①]

1920 年 7 月 19 日至 8 月 7 日，共产国际召开了第二次代表大会，会议围绕民族和殖民地问题进行了讨论。列宁也提出："共产国际在民族和殖民地问题上的全部政策，主要应该是使各民族和各国的无产者和劳动群众为共同进行革命斗争、打倒地主和资产阶级而彼此接近起来。"[②]会后，为了推动和促进全世界的民族解放斗争，共产国际正式提出了"全世界无产者和被压迫民族联合起来"的口号。

（二）帝国主义列强的殖民扩张

殖民掠夺是资本主义原始积累的重要途径。早期殖民掠夺的方式，包括奴隶贸易、攫取金银等。到了 19 世纪末，资本主义进入了帝国主义阶段，欧洲国家和美国、日本等纷纷向海外殖民。

这一时期，帝国主义的殖民掠夺形式发生了转变，即由以商品输出为主转变为以资本输出为主，通过直接投资实业或间接投资银行金融业的方式，实现对殖民地、半殖民地经济命脉和内政外交的控制。20 世纪初，各帝国主义国家对殖民地、半

---

① 中共中央党史研究室、中央档案馆编：《中国共产党第一次全国代表大会档案文献选编》，中共党史出版社 2022 年版，第 287 页。
②《列宁全集》第 39 卷，人民出版社 2017 年版，第 164 页。

殖民地的资本输出，占其海外投资总额的比例分别是，英国为50%、美国为43%、法国为30%。[①]

尽管有学者认为，资本主义国家通过掠夺性的国际贸易、资本输出、武力征服，加之发达的海陆交通和通信，最终想把所有国家和地区都纳入资本主义世界经济的发展轨道，结束许多国家和地区长期存在的孤立、闭塞的发展状态，结束政治生活和精神生活上的狭隘性，使各国、各地区的相互交往相较以前更为扩大，世界各地区的联系更为紧密，客观上有利于世界经济的增长和人类历史的进步。但是，帝国主义列强的殖民掠夺，绝不是为了要在被殖民国家和地区发展资本主义，改变他们落后的面貌，而是将他们变成帝国主义列强的原料产地、商品销售市场和资本输出地。总体而言，帝国主义国家对殖民地国家和地区的残酷掠夺，致使亚非拉地区的人民饱受苦难，正因如此，这些国家纷纷走上了探索民族解放、国家独立的革命道路。

综上，一方面，俄国十月革命的胜利及共产国际的成立，对包括中国在内的各国无产阶级政党的成立及无产阶级革命运动的发展产生了重要影响。另一方面，随着帝国主义列强的殖民扩张，加剧了包括中国在内的被压迫民族和人民的反抗斗争。

---

① 武寅主编：《简明世界历史读本》，中国社会科学出版社 2014 年版，第479 页。

二、国内背景

（一）帝国主义对中国的压迫与剥削

1840年鸦片战争后，帝国主义通过军事、经济、政治、文化等多种手段强迫中国打开大门，中国逐步沦为半殖民地半封建社会。1895年中日甲午战争后，帝国主义列强通过与清政府签订各种不平等条约，取得了在中国创办工厂、开发矿山、设立银行、修筑铁路等多种特权，逐步控制了中国的经济命脉。苏联顾问阿·瓦·勃拉戈达托夫曾这样评价帝国主义列强对中国的剥削，"中国在经济上受帝国主义列强控制，这些国家划分了势力范围。到第一次世界大战前夕，帝国主义列强对中国经济的投资超过了二十二亿五千万美元，比中国本国的投资额还大得多，这就使外国人在中国工业中占垄断地位"[①]。

随着帝国主义列强的入侵，中国社会发生了深刻的变化，中国自给自足的自然经济遭到破坏，大量农民和手工业者破产，这就给中国资本主义生产的发展造成了某些客观的条件和可能。封建时代的自给自足的自然经济基础是被破坏了；但是，封建剥削制度的根基——地主阶级对农民的剥削，不但依旧保持着，而且同买办资本和高利贷资本的剥削结合在一起，在中

---

① 〔苏〕阿·瓦·勃拉戈达托夫：《中国革命札记（1925—1927）》，张开译，新华出版社1985年版，第18页。

国的社会经济生活中，占着显然的优势。1926 年，毛泽东在《湖南省第一次农民代表大会宣言》中，剖析了外国资本和买办资本的经济掠夺本质，农民"每天辛辛苦苦，做出许多粮食、棉、麻、丝、茶……等类的东西，他们只稍微拿几个钱出来买了去；他们用机器制造各种新奇的货物，运过来，不知卖了我们好多的钱去了"，"农民辛辛苦苦做工的结果，都转几个弯子跑到他们荷包里去了。"①在帝国主义与封建主义的双重压迫之下，中国人民生活在水深火热之中。②

（二）五四运动与中国共产党的发展

1919 年 1 月，第一次世界大战的战胜国在法国巴黎召开和平会议，中国代表陆征祥、顾维钧、施肇基、魏宸组、王正廷出席会议。中国代表团在巴黎和会提出废除外国在中国的势力范围、撤退外国在中国的军队和取消"二十一条"等正义要求。但是，操控会议的美国、英国、法国等国，拒绝讨论中国代表团提出的要求。会议期间，段祺瑞政府与日本于 1918 年 9 月签订的秘密借款合同和关于山东问题的换文内幕也被曝光，曹汝霖、章宗祥、陆宗舆等亲日派为千夫所指。4 月 30 日，英国、法国、美国牺牲中国利益，决定将日本继承德国在山东全部权

---

① 中共中央党史和文献研究院、中央档案馆编：《中国共产党重要文献汇编》第 9 卷，人民出版社 2022 年版，第 582—583 页。

② 魏宏运主编：《中国现代史资料选编 2》，黑龙江人民出版社 1981 年版，第 434 页。

益的条文写入《凡尔赛和约》。巴黎和会上中国外交失败的消息传到中国国内，引发中国民众的强烈愤慨。

5 月 3 日晚，北京大学学生在北河沿北大法科举行全体学生大会，北京高等师范学校等学校的代表千余人参加。北京大学学生代表张国焘、许德珩等相继发言，痛陈亡国惨祸在即，号召大家奋起救国。①

5 月 4 日下午，北京大学、北京高等师范学校等 13 所大中专学校的 3000 余名学生陆续集合到天安门前，抗议巴黎和会针对中国问题的决议，要求惩办亲日派曹汝霖、章宗祥、陆宗舆。他们手持旗子，上面写着"取消二十一条""还我青岛""外争主权，内除国贼""拒绝合约签字"等口号。五四爱国运动就这样在北京爆发了，中国新民主主义革命的序幕由此拉开。五四运动后，马克思主义在中国迅速而广泛地传播，为中国共产党的创建准备了思想条件。

1920 年 4 月，经共产国际的批准，俄共（布）远东局委派维经斯基来到中国。他在上海多次与陈独秀等人会谈，探讨中国社会革命问题，并向陈独秀提出了建立工人阶级政党的建议。②8 月开始，在共产国际的帮助下，上海、北京、长沙、济南、广州等地陆续成立共产主义小组。1921 年 6 月，共产国际代表马林、

---

① 共青团北京市委青年运动史研究室编：《北京青年运动史（1919—1949）》，北京出版社 1989 年版，第 8 页。

② 上海市档案馆编：《上海档案史料研究》第 25 辑，上海三联书店 2021 年版，第 40 页。

尼克尔斯基来到中国，按照共产国际第二次代表大会决议精神指导中国共产党的筹建工作。7月23日至31日，中国共产党第一次全国代表大会在上海秘密召开，为躲避搜查，最后一天的会议转移至浙江嘉兴南湖的游船上举行。李达、李汉俊（上海），张国焘、刘仁静（北京），毛泽东、何叔衡（长沙），董必武、陈潭秋（武汉），王尽美、邓恩铭（济南），陈公博（广州），周佛海（旅日）以及特派代表包惠僧等13人代表全国50多名党员，选举了党的领导机构——中央局，并选举陈独秀任中央局书记，张国焘任组织主任，李达任宣传主任。大会确定党的名称为"中国共产党"。党的纲领是"革命军队必须与无产阶级一起推翻资本家阶级的政权"，"承认无产阶级专政，直到阶级斗争结束"，"消灭资本家私有制"。这样，中国共产党正式诞生。

中国共产党成立后，集中力量从事工人运动。自1922年1月起，在一年多的时间里，中国共产党陆续组织了香港海员罢工、安源路矿工人大罢工、开滦煤矿工人大罢工、京汉铁路工人大罢工等大小罢工百余次，参加人数超过30万。"二七惨案"发生后，全国工人运动暂时转入低潮。

1925年5月30日，五卅运动爆发，掀起了全国范围的反帝爱国运动高潮。在中国共产党的领导和推动下，全国各阶层广大群众积极参加反帝爱国运动。各地到处响起"打倒帝国主义""废除不平等条约""撤退外国驻华的海陆空军""为死难同胞报仇"的怒吼声。中国共产党在领导五卅运动的过程中得到很大发展。到1925年底，党员人数增加到一万人，一些原来没有党组织的地方建立起了党的组织。

（三）共产国际促成第一次国共合作①

1921 年 5 月，孙中山在广州就任非常国会推举的非常大总统后，试图通过北伐推翻北洋军阀的统治。1921 年 12 月，马林和孙中山在桂林进行了三次长谈。在谈到承认俄国与联俄的可能性时，孙中山认为，在北伐还未完成前，联俄实际上是不可能的，过早地联俄会立即引起列强的干涉。马林则认为，国民党进行的民族主义宣传也必然会导致这种干涉，劝说孙中山实行联俄政策。但马林当时并未说服孙中山，孙中山只是表示"允许在其党内进行共产主义宣传"。

马林认为，国民党的党纲使得"各种不同的团体都能加入进去"，因此向陈独秀等建议开展国共合作。这一建议遭到陈独秀的反对。几个月后，马林在给共产国际执委会的报告中提出，中共应采取加入国民党的方式，实现同国民党的合作。共产国际采纳了马林的建议，要求中国共产党人加入国民党。马林带着共产国际的指示回到上海，在李大钊的陪同下会见了孙中山，商谈改组国民党、联合苏俄、与共产党合作等问题。最终孙中山决定以俄为师，同意与中国共产党实行党内合作，并允许共产党员以个人身份加入国民党。

---

① 李颖：《大革命时期的共产国际与中国国民党》，《民国档案》2006 年第 3 期，第 74—82 页。

1923 年 1 月，共产国际执委会通过的《关于中国共产党与国民党的关系问题的决议》，表达了共产国际对于中国实行国共合作的看法。该决议指出，中国国民党"既依靠自由资产阶级民主派和小资产阶级，又依靠知识分子和工人"，"中国的中心任务是反对帝国主义者及其在中国的封建代理人的民族革命"。尽管决议再次强调，共产党人要组织和教育工人群众建立工会，以便为建立强大的群众性的共产党准备基础，并称这是"重要而特殊的任务"。但是，决议又特别提醒中国共产党，中国工人阶级"尚未完全形成为独立的社会力量"，所以"国民党与年青的中国共产党合作是必要的"，"中国共产党党员留在国民党内是适宜的"，以便"对国民党施加影响，以期将它和苏维埃俄国的力量联合起来，共同进行反对欧洲、美国和日本帝国主义的斗争"。①

1923 年 6 月，中共三大决定实行国共合作。大会接受了共产国际提出的与国民党合作的指示，通过了《关于国民运动及国民党问题的议决案》《中国共产党第三次全国大会宣言》等文件，正式确立了共产党员以个人身份加入国民党，与国民党进行党内合作的策略方针，团结一切可能联合的力量，共同完成反帝反封建的民主革命任务。1924 年 1 月，国民党第一次全国代表大会事实上确立了联俄、联共、扶助农工的三大政策，标

---

① 中共中央党史研究室、中央档案馆编：《中国共产党第三次全国代表大会档案文献选编》，中共党史出版社 2022 年版，第 41 页。

志着第一次国共合作正式形成。

尽管共产国际促成了第一次国共合作，但这是其基于对中国革命形势的判断以及苏俄对华政策原则所采取的抑制共产党、扶助国民党的策略。当时共产国际认为，在可以预见的将来，中国共产党无法成为中国革命的主角，民主革命时期应由资产阶级政党掌握领导权，因此，中国国民革命运动应由国民党掌握领导权。①也正是在共产国际的指导下，1924 年中国共产党三届二次执行委员会会议通过的《同志们在国民党工作及态度决议案》要求，国共合作中一切工作归国民党。这种一切在共产国际指导下进行的工作方式，导致党内意见与共产国际要求时常相左。中共三大后，马林在给共产国际执委会的信中也承认，中共是"被迫去帮助国民党从事国民运动"的。

第一次国共合作既推动了中国国民革命的发展，也为力量极为薄弱的中国共产党逐渐发展壮大提供了条件。一大批优秀共产党员积极参与中国革命事业，政治声望日渐高涨，为中国共产党日后发展打下了良好的群众基础。也正是在这期间，国民党对农民运动的支持达到巅峰。1924 年 6 月，国民党中央农民部颁布了《农民协会章程》，由此各级农民协会在国民党管辖地区取得了合法地位。1926 年，国民党第二次全国代表大会通过关于农民运动的决议案，宣布"吾党为巩固国民革命之基础，

---

① 中共中央党史研究室第一研究部译：《联共（布）、共产国际与中国国民革命运动（1920—1925）》第 1 卷，中共党史出版社 2020 年版，第 450 页。

惟有首先解放农民；无论政治的或经济的运动，均应以农民运动为基础。党之政策，首须着眼于农民本身之利益；政府之行动，亦须根据于农民利益而谋其解放"①。

但在共产国际的束缚下，中国共产党对国民党的委曲求全、一再退让，最终换来的是国民党右派的疯狂反共。

（四）北伐战争的胜利

1926 年 5 月，国民革命军先遣部队出兵湖南。7 月 9 日，正式出师北伐。在沿途人民群众的大力支持下，北伐军势如破竹。北方冯玉祥率部于 9 月 17 日由绥远挥师南下。到 1926 年底，国民革命军已先后歼灭吴佩孚、孙传芳两部主力，控制了江苏、浙江、安徽以外的南部各省。冯玉祥的国民军联军也已控制西北地区，准备东出潼关，响应北伐军。

北伐战争的胜利，与第一次国共合作的形成密不可分。在北伐过程中，国共两党之间虽存在矛盾，但基本上是团结的，能够集中力量共同对敌。由共产党员叶挺领导的、名义上属于国民革命军第四军的独立团，作为中国共产党直接掌握的革命武装，在北伐战争中表现出坚强的战斗力，为国民革命作出了重大贡献。在北伐战争中，中国共产党人还在发动工农群众方面作出巨大贡献，使北伐军所到之处，都能得到广大工人、农

---

① 人民出版社编：《第一次国内革命战争时期的农民运动资料》，人民出版社 1983 年版，第 32 页。

民和其他革命群众的直接支援。

在共产国际的帮助下，国共两党合作北伐。在北伐战争过程中，中国共产党在政治舞台上与反革命势力进行了斗争，宣传了中国革命的力量。北伐战争后期，共产党员的数量从最初一大召开时的 50 来人发展到接近 5.8 万人，党员干部的觉悟得到提高，革命经验得到了锻炼与培养。①但中共中央"忽视了军队的争取，片面地着重于民众运动"②，加上陈独秀一味退让，妄想通过退让使蒋介石放心，使国共合作不致破裂，导致蒋介石步步紧逼。

随着北伐战争的胜利进军，全国各地的农民运动蓬勃发展，其中湖南、湖北、江西等省的农民运动发展尤为突出，工农群众运动以空前规模迅速高涨。

三、历史背景

（一）农民运动的发展

中国共产党领导的有组织、有纲领的农民运动，最早发生于浙江萧山衙前。1921 年，上海共产主义小组成员沈玄庐在家乡衙前开展农民活动。到了秋天，社会主义青年团团员宣中华

---

① 中共中央党史研究室：《中国共产党历史·第 1 卷（1921—1949）》，中共党史出版社 2011 年版，第 188 页。

② 《毛泽东选集》第 2 卷，人民出版社 1991 年版，第 544 页。

也来到衙前向农民讲述革命道理，他后来成为衙前农民运动的主要领导者之一。1921 年 9 月 27 日，农民大会在衙前东岳庙召开，通过了《衙前农民协会宣言》和《衙前农民协会章程》，推举农民李成虎等 6 人为农民协会委员，衙前农民协会正式成立。《衙前农民协会宣言》认为，"农民出了养活全中国人最大多数的气力"，"所换来的只是贫贱、困顿、呆笨、苦痛"，根源在于"不良的经济制度"，因此提出"土地应该归农民使用"，"土地该归农民所组织的团体保管分配"，号召农民组织起来，自己解放自己。衙前农民协会成立后，主要领导了减租斗争，同时还进行了反对奸商垄断米价、取消地主苛例以及破除封建迷信、反对封建宗法势力等活动，并带动了周边萧山、绍兴等广大农村农民运动的兴起。农民协会组织的扩大和减租斗争的开展，引起了当地地主和反动统治当局的不安，在反动派的武力镇压下农民运动暂时转入低潮。[①]

　　1922 年，彭湃回到广东海丰县，动员组织农民，开展反对封建地主阶级的斗争，建立农民协会，广东成为全国农民运动早期发展最热烈的地区。彭湃等人直接组织和领导的广东海丰农民运动，无论是规模还是影响力都远超过衙前农民运动。海丰的农民运动同样提出了自己的革命纲领，建立了与农民协会基本相似的农会组织。据统计，1923 年，广东海丰全县 5.6 万农户中，

---

　　① 成汉昌：《中国现代农民运动最早发生于何时何地？》，《教学与研究》1980年第 4 期，第 55—57，10 页。

自耕农占 20%，半自耕农占 25%，佃农占 55% 左右。[①]

1924 年 7 月至 1926 年 9 月，广州先后举办了六届农民运动讲习所，目的是"训练一般能领导农村革命的人材出来，对于农民问题有深切的认识，详细的研究正确解决的方法，更锻炼着农运的决心。几个月后，都跑到乡间，号召广大的农民群众起来，实行农村革命，推翻封建势力"[②]。

1926 年以前，广州农民运动讲习所主要培养广东省及广西、湖南等 8 个省的农民运动干部。1926 年，为了顺应全国农民运动迅猛发展的需要，广州农民运动讲习所扩大成为培养全国农民运动干部的学校。讲习所的授课内容，既有基础理论课，如帝国主义、社会问题与社会主义、中国史概要、中国民族革命史、地理等，又有专业课，如中国农民问题、海丰及东江农民运动状况、农村教育、军事运动与农民运动等。讲习所的教育目标是通过以国民革命为中心内容的政治教育，提高学员的思想政治觉悟；通过武装斗争和建立农民武装的教育，配合军事训练，提高学员指导农民组织、农民自卫军并领导农民武装自卫的能力；通过组织学员到农民运动和农民自卫军搞得好的地方参观学习，对农民问题和农村情况进行调查研究，增强学员从事农民运动和搞好农民自卫军建设的决心与力量。在共产

---

① 中共中央文献研究室、中央档案馆编：《建党以来重要文献选编（1921—1949）》第 3 册，中央文献出版社 2011 年版，第 25—26 页。

② 李桂林编：《中国现代教育史教学参考资料》，人民教育出版社 1987 年版，第 26 页。

党人彭湃、罗绮园、阮啸仙、谭植棠、毛泽东相继主持下，广州农民运动讲习所为广东和全国20个省区培训了700多名农民运动骨干，有力地促进了全国农民运动的发展。

（二）中国共产党对农民问题的认识

1922年，共产国际在莫斯科召开的远东各国共产党及民族革命团体代表大会上提出，中国应首先进行反帝反封建的资产阶级民族民主革命，然后方可进行社会主义革命。7月，党的二大分析了中国社会的性质，认为帝国主义"在中国政治经济上具有支配的实力"，中国"尚停留在半原始的家庭农业和手工业的经济基础上面，工业资本主义化的时期还是很远"，政治方面还处于军阀官僚的封建制度把持之下。[1]基于此，大会制定了反帝反封建的民主革命纲领。

这一时期，中国共产党党内关注到了帝国主义掠夺中国的现实，认为中国"经济权大部分操诸外人之手，政治权形式上大部分尚操诸本国贵族军阀之手"，故而，中国是"半殖民地国家"[2]，中国革命是"资产阶级的民族民主革命"[3]。同时，由于帝国主义勾结军阀在中国"扩张势力范围""攫取便宜原料"

① 中共中央党史和文献研究院、中央档案馆编：《中国共产党重要文献汇编》第2卷，人民出版社2022年版，第222页。

② 中共中央党史和文献研究院、中央档案馆编：《中国共产党重要文献汇编》第3卷，人民出版社2022年版，第597、619页。

③ 中共中央文献研究室、中央档案馆编：《建党以来重要文献选编（1921—1949）》第3册，中央文献出版社2011年版，第269页。

"销售过剩生产""扰乱中国金融,操纵中国市场,压迫新兴工业",致使中国经济破产、民不聊生。①甚至农业经济已经遭到帝国主义摧毁,中国已经成为"新式畸形的官僚商业资本主义的国家"②。可以说,中国共产党是在共产国际的帮助下,完成了对中国社会性质的认识的转变。但这种认识的转变,并非基于中国共产党对当时中国社会经济结构与阶级关系的分析,因此,所得出的结论与中国现实仍有距离。且这种认识虽然看清了帝国主义侵略对中国经济的破坏,却缺少对中国自身封建关系的分析,从而在一定程度上忽视了人民大众与封建势力之间的阶级矛盾。

1. 对农民问题重要性的认识

中国共产党逐渐认识到了农民在革命中的重要性,党的二大通过的宣言认为,"中国三万万的农民,乃是革命运动中的最大要素","大量的贫苦农民能和工人握手革命,那时可以保证中国革命的成功。"③1922 年 11 月发布的《中国共产党对于目前实际问题之计划》,再次重申农民问题的重要性,称"无产阶级在东方诸经济落后国的运动,若不得贫农群众的协助,很难成就革命的工作",特别是中国农民中占农民半数的无地佃农,

---

① 邓中夏:《邓中夏全集》上,人民出版社 2014 年版,第 255 页。

② 瞿秋白:《瞿秋白文集(政治理论编)》第 2 卷,人民出版社 1988 年版,第 54 页。

③ 中国社会科学院经济研究所中国现代经济史组编:《第一、二次国内革命战争时期土地斗争史料选编》,人民出版社 1981 年版,第 3 页。

"自然是工人阶级最有力的友军"。①1923 年，中国共产党第三次全国代表大会通过的《农民问题议决案》提出："有结合小农佃户及雇工以反抗牵制中国的帝国主义者，打倒军阀及贪官污吏，反抗地痞劣绅，以保护农民之利益而促进国民革命运动之必要。"②

毛泽东指出，军阀政治存在的根本原因是中国"停顿在家庭农业手工业自足的经济制度之下"，社会经济"除开沿江沿海沿铁路稍有点可怜的工商业外，全部都属于农业经济生活"。③但是，他没有说明农业经济为什么导致军阀专制，也没能由此得出欲打倒军阀，必须实行土地革命，以摧毁其经济基础的结论。李大钊发表的《土地与农民》《鲁豫陕等省的红枪会》等文章，强调了农民问题的重要性和解决土地问题的紧迫性，主张实现"耕地农有"。至于如何实行，他只提出了组织农民协会的主张，并没有提到土地革命。

1925 年 1 月，中共四大提出："经济落后的中国，农业经济基础，虽经国际（资本）帝国主义长期的侵略而崩溃。"中共四大通过了《对于农民运动之议决案》，强调了农民运动的重要性，指出不解决农民问题，中国革命不可能成功。但在该议决

① 中共中央党史和文献研究院、中央档案馆编：《中国共产党重要文献汇编》第 2 卷，人民出版社 2022 年版，第 348 页。

② 人民出版社编：《第一次国内革命战争时期的农民运动资料》，人民出版社 1983 年版，第 15 页。

③ 中共中央文献研究室、中央档案馆编：《建党以来重要文献选编（1921—1949）》第 1 册，中央文献出版社 2011 年版，第 215 页。

案中，为维护国共合作，明确提出"不宜轻率由农会议决实行减租运动"，主张"应使农民向国民党政府要求以官地分给贫农"。①中共四大虽然提出了建立工农联盟问题，但对如何解决农民的土地问题，以实现这种联盟，仍缺乏明确的认知。1925年的《中国共产党告农民书》指出，实现耕地农有，"须革命的工农等平民得了政权"②。也就是说，农民要实现耕地农有，只有等到国民革命胜利工农掌握了政权以后才能达到。由此可见，此时开展农民运动的主要目的，是使农民获得政治解放而非经济解放。即便如此，1925年4月，中共中央召开扩大会议仍然决定将发动农民运动作为党的中心工作之一。直到1926年底前，党一直把减租减息作为农民运动的主要任务。1926年7月，中共中央四届三中全会提出"减原租百分之二十五"的主张被国民党接受，成为国共两党在土地政策方面的共识。

在共产国际执委会1926年关于中国问题的数次报告中，也反复强调了农民问题的重要性，认为"中国民族解放运动的基本问题是农民问题"，"在目前的发展阶段……共产党的任务是：支持民族革命战线，同时着手解决土地问题和农民问题"。③1926

---

① 人民出版社编：《第一次国内革命战争时期的农民运动资料》，人民出版社1983年版，第18、22页。

② 中共中央文献研究室、中央档案馆编：《建党以来重要文献选编（1921—1949）》第2册，中央文献出版社2011年版，第504页。

③ 中国社会科学院近代史研究所翻译室编译：《共产国际有关中国革命的文献资料（1919—1928）》第1辑，中国社会科学出版社1981年版，第139、157页。

年 11 月底，共产国际执行委员会第七次扩大全体会议在关于中国问题决议案中提出，土地问题已经上升为中国革命的中心问题，并要求国共两党必须"没收属于反动军阀的寺院地产，及对国民政府作战的买办、地主、劣绅等之土地"，以"使农民到革命方面来"。[①]1927 年，中共五大依据共产国际的指示精神，制定了没收土地的革命纲领，即没收小地主及革命军人以外的一切地主的土地交给农民[②]。这表明中国共产党对农民问题重要性的认识已经从寻求重要的革命力量转向了变革封建生产关系。

随着农民运动的发展，中国共产党对农民问题的认识也在逐步深化，其中理论思考的主要内容包括：农民问题与中国革命基本问题（社会性质、革命任务、动力、领导权、同盟军等）的关系；农民问题在国民革命中的地位；农民内部各阶级、阶层的经济地位与政治态度；农民问题中的主要问题（政权、武装、土地等）及其相互关系等。在理论思考与实践探索的基础上，中国共产党形成了"农民问题是国民革命的中心问题，土地问题是农民的根本问题"这一思想。

2. 对农民参加革命可能性的认识

中国作为一个农业大国，农民人口占总人口的 80% 以上，

① 中共中央文献研究室、中央档案馆编：《建党以来重要文献选编（1921—1949）》第 4 册，中央文献出版社 2011 年版，第 31 页。

② 中共中央文献研究室、中央档案馆编：《建党以来重要文献选编（1921—1949）》第 4 册，中央文献出版社 2011 年版，第 194 页。

又深受各种压迫和剥削，农民阶级自然成为中国反帝反封建斗争中不可忽视的力量。

中共二大在系统分析农村土地缺乏、人口稠密、天灾流行、受到军阀剥削、外商压迫等"以致日趋穷困和痛苦"的基础上，将农民视为"革命运动中的最大要素"，并具体分析了资产阶级、农民、工人等群体的情况，强调中国的民主运动需要这些阶级阶层共同参与和努力。中共三大通过的《农民问题决议案》指出："种种压迫农民自然发生一种反抗的精神，各地农民之抗租抗税的暴动，即其明证"，此时对农民的革命性的认识，已经不再仅仅是因为农民需要被解放或者农民由于人口众多被革命所需要，而是因为他们受到压迫剥削有奋起反抗的要求，或者说，从党的革命理论阐述来看，农民已经实现由历史客体向历史主体的转变。

此外，中国共产党主要领导人也对中国革命中的农民问题进行了探讨。

陈独秀在 1923 年发表的《中国农民问题》一文中，专门考察分析了中国农民痛苦生活境遇的根源。外国资本主义侵略和军阀战乱及水旱灾荒造成耕地减少，农民贫困失业加重，生活无着，或离开农村做苦力，或沦为兵匪。地主豪绅把持地方政权，鱼肉贫苦农民，佃农和雇农受苦最深。官吏额外需索、预征钱粮，造成自耕农无力缴纳地税，青黄不接时只能借贷，接受高利盘剥，导致日益贫苦的恶性循环。但陈独秀对农民革命的前途并不乐观，他认为农民私有观念极其坚固，"在中国，约占农民半数之自耕农，都是中小资产阶级，不用说共产的社会革命是和他们的利益根本冲突，即无地之佃农，也只是半无产阶级，他们反对地主，不能超过转移地主之私有权为他们自己的私有权的心理以上；雇工虽属无产阶级，然人数少而不集中"，"在经济落后的殖民地半殖民地，不但农民占全人口之大半数，其国民经济之真正基础，还是农业；在这些地方之各种革命都不可忽视了农民的力量。"①因此，他断言："中国农民运动，必须国民革命完全成功，然后国内产业勃兴，然后普遍的农业资本化，然后农业的无产阶级发达集中起来，然后农村间才有真的共产的社会革命之需要与可能。"②然而，陈独秀过低地估计了中国农民的革命性。他在文中根据国民政府农商部的统计资料得出结论，中国农村中由于"自耕农居多而且是小农"，所以"农民所受地主的压迫，不像地主强大的国家（如旧俄罗斯、印度）或资本主义发达的国家（如欧美各国）那样利害，不容易发生社会革命的运动"③。

李大钊在《土地与农民》一文中，也曾分析农民的痛苦境遇和参加革命的可能性，认为贫困农民的出路就在于组织起来开展革命运动。彭湃作为广东海丰地区农民运动的领导者，通

---

① 中共中央党史和文献研究院、中央档案馆编：《中国共产党重要文献汇编》第 3 卷，人民出版社 2022 年版，第 603—604、318 页。

② 中共中央党史和文献研究院、中央档案馆编：《中国共产党重要文献汇编》第 3 卷，人民出版社 2022 年版，第 603 页。

③ 中共中央党史和文献研究院、中央档案馆编：《中国共产党重要文献汇编》第 3 卷，人民出版社 2022 年版，第 318 页。

过对农民政治、经济、文化地位的分析，认为农民在重重压迫之下只有两条路可以走，一条路是革命，另一条路便是死。当时中国产业工人充其量不过百万，在四亿中国人中还只是一小部分，而农民则占全国人口的三分之二以上，因此，中国要想革命，必须要唤起占人口大多数的农民积极参加，党"必须尽可能地系统地鼓动并组织各地农民逐渐从事经济的和政治的斗争"[①]。

1925年12月，毛泽东在《中国社会各阶级的分析》中，通过对各阶级的革命态度及形成原因的深入分析，揭示了中国农村所蕴藏的革命力量。1926年1月，毛泽东又发表《中国农民中各阶级的分析及其对于革命的态度》一文，将中国农村分为八个阶级和阶层，即大地主、小地主、自耕农、半自耕农、半益农、贫农、雇农及乡村手工业者、游民，并对各阶级的革命态度进行了具体分析。他在文中强调将自耕农、半自耕农、半益农、贫农、雇农及乡村手工业者组织起来，成为中国革命力量。

由上述可见，"革命需要农民"与"农民需要革命"两种逻辑在中共二大以后是同时存在的，二者分别强调农民在革命中的重要性和农民参加革命的可能性。对于农民的革命性，传统解释主要有两个方面：一方面是农民在土地分配不均和

[①] 中国人民解放军政治学院党史教研室编：《中共党史参考资料》第3册，内部发行，1979年版，第193页。

家庭贫困的压迫下，具有天然的革命性，此即所谓的社会经济结构决定论；另一方面，中共针对农民的这一状况实行相应的社会经济改革，直接促进了农民支持和参加革命。然而，事实上，农民支持与参加革命的动机十分复杂，很难用一条或几条理论来概括。究竟土地分配、家庭贫困、社会经济改革以及民族主义、动员农民等，在农民支持或参加中共革命的行动中起了什么作用，仍需要做大量的关于农民个体与群体的实证研究。①

3. 如何解决农民问题

一般而言，中共早期解决农民问题的主张，大体上主要集中于以下几个方面。

（1）组织农民

中共早期在探索解决农民问题的过程中，提出组织农民开展革命运动。陈独秀提出组织农民的四种主要形式为：农会、乡自治公所、佃农协会、雇农协会。农会以反对土豪劣绅、维护农民利益为主要活动；乡自治公所以建立乡团抵御兵匪等为主要活动；佃农协会以要求"限田""限租"为主要活动；雇农协会以协议工资和介绍工作为主要活动。②邓中夏在《中国农

---

① 李金铮：《农民何以支持与参加中共革命？》，《近代史研究》2012年第4期，第134—151，161页。
② 中共中央党史和文献研究院、中央档案馆编：《中国共产党重要文献汇编》第3卷，人民出版社2022年版，第325—326页。

民状况及我们运动的方针》中指出，组织农民最主要的是组织农会，但由于农民私有观念极深，不宜用"共产革命"的宣传口号，宜用"限田""限租""推翻贪官劣绅""打倒军阀""抵制洋货""实行国民革命"等口号。①李大钊也主张建立农民自己的组织，认为贫农若想提高自己的地位，必须由贫农、佃农及雇工自己组织农民协会。

（2）武装农民

陈独秀虽然提出农民应在乡自治公所中组织乡团，用来抵御兵匪，但是对于武装农民的重要性认识则有欠缺。邓中夏则不仅认为农民有必要组织民团抵御兵匪，而且认为兵团可以待机转变成为革命的军事武装力量。在领导农民运动的实践中，彭湃也认识到农民武装的重要性，特别是在广东陈炯明的叛变事件中，革命与反革命势力斗争日益尖锐，"当此镇压反革命之时，农民非有武装不成，而且农民协会之根本问题亦非农民有武装不成"②。

（3）解决土地问题

陈独秀主张通过佃农协会向政府要求"限田"，从而解决土地问题。李大钊则认为，土地问题有待中国现代广大的工农阶级依靠革命的力量以为之完成。他提出了解决农民土地问题

---

① 中共中央党史和文献研究院、中央档案馆编：《中国共产党重要文献汇编》第 4 卷，人民出版社 2022 年版，第 13 页。
② 中共中央书记处编：《六大以前：党的历史材料》，人民出版社 1980 年版，第 267 页。

的"耕地农有"口号，认为国民政府成立之前，应按照"耕地农有"方针制定一种新的土地政策："使耕地尽归农民，使小农场渐相联结而为大农场，使经营方法渐由粗放的以向集约的，则耕地自敷而效率益增，历史上久久待决的农民问题，当能谋一解决。"①

北伐战争开始以后，部分共产党人在实践中开始认识到农民问题是国民革命的中心问题，要打倒军阀必须摧毁其经济基础，然而却没有明确提出必须立即开展土地革命的主张。更别提此时党内对农民问题的认识尚不一致，甚至相去甚远。中国共产党在理论上和认识上的不充分，以及手中缺少武装力量，所以并未解决农民的土地问题。

这一时期，党内对土地问题的看法也时有反复。苏联顾问鲍罗廷在 1926 年 10 月给黄埔军校第四期毕业生作报告时还强调，中国革命的根本问题是土地问题，"不解决土地问题，国民革命是不能成功的"，"一切问题，一切工作都应集中到农民乡村中去"。②12 月召开的中共中央特别会议上，毛泽东提出支持湖南进行土地革命、解决农民土地问题的主张。但陈独秀等不赞成马上解决土地问题，认为当时农民的问题仍然是减租减息。鲍罗廷也转而赞同陈独秀的意见，反对中共湖南区委提出的解决农民土地问题的建议。会议最终通过决

---

① 中国李大钊研究会编：《李大钊全集（修订本）》，人民出版社 2013 年版，第 106 页。

② 《国际共运史研究资料》第六辑，人民出版社 1982 年版，第 91 页。

议，认为当时的主要危险是农民运动勃起并日益"左"倾，蒋介石因恐惧民众运动而日益向右，"左"右距离日远，会破坏统一战线而危及整个国民运动，因此，既要制约蒋介石的军事势力，又要限制工农运动的发展。会议强调，为了改善国共关系，中共对于农民运动的指导，只能"向政府（尤在军事领袖）要求帮助农民斗争"，党对农民问题的策略是限制农民运动发展，反对耕地农有。①但毛泽东会后回到长沙，仍然按照自己的想法组织了湖南省第一次农民代表大会，会议提出农民运动的根本目标是"根本铲除土豪劣绅的封建政权"。会议还指出："农民在乡村中打击土豪劣绅，虽所取手段出于法律以外，其实这是革命争斗中所必取的手段。这时候，不是东风压倒西风，就是西风压倒东风，怎能不严厉一点？若是骇怕'纠纷'，采怀疑或反对的态度，这不算是革命党"②。在具体政策上，毛泽东又不得不执行中共中央 12 月会议的决议。他在大会讲话中指出："我们现在还不是打倒地主的时候，我们要让他一步，在国民革命中是打倒帝国主义军阀土豪劣绅，减少租额，减少利息，增加雇农工资。"③中共五大最终通过了解决土地问题的决议案，将解决土地问题

① 中共中央文献研究室、中央档案馆编：《建党以来重要文献选编（1921—1949）》第 3 册，中央文献出版社 2011 年版，第 518 页。

② 魏宏运主编：《中国现代史资料选编 2》，黑龙江人民出版社 1981 年版，第 437 页。

③ 中共中央党史和文献研究院编：《毛泽东年谱》第 1 卷，中央文献出版社 2023 年版，第 172 页。

确定为党在"现阶段之中，革命的主要任务"，并据此确定了
关于土地问题的政治纲领。但是，这次大会否定了毛泽东等
人提出的普遍解决农民的土地问题的方案，且会议本身没有
提出明确方针和切合实际的可执行的具体方法，使得大会确
定的土地纲领无法付诸实施。

第二章 《湖南农民运动考察报告》的

形成过程

1927 年 2 月 16 日，毛泽东在湖南考察农民运动一个多月之后，写报告给陈独秀，主张中央"在农民运动中采取新路线"，指出"从前我们对农运政策上处置上几个颇大的错误点"。紧接着，写出《湖南农民运动考察报告》的主体部分，即第一章和第二章的前两节，以明确而尖锐的观点，称赞农民运动"好得很"，不是"糟得很"；贫农是"革命先锋"，不是"痞子"，并论述了农民运动在完成这次伟大革命中的重要地位，指出"矫枉必须过正"，推翻封建阶级几千年积累的权力，农民的行动"过分一点也是对的"。[①]

一、《湖南农民运动考察报告》的成稿

为了解释和回击来自党内外对农民运动的质疑、不满与责

[①] 中共中央党史和文献研究院、中央档案馆编：《中国共产党重要文献汇编》第 10 卷，人民出版社 2022 年版，第 59—60 页。

难，1927 年 1 月 4 日至 2 月 5 日，毛泽东"实地考察了湘潭、湘乡、衡山、醴陵、长沙五县的情况"，"在乡下，在县城，召集有经验的农民和农运工作同志开调查会，仔细听他们的报告"。①

《大公报》（长沙）记载，此次毛泽东回湖南是受国民党湖南省党部委派，以中央候补执行委员的身份，分赴衡山、湘潭、醴陵、湘乡、长沙等县考察党务状况，重点考察各种纠纷之原因，指导解决方法；宣传农工运动之重要性；解释开米禁问题；指示民食问题具体方法；注重全国的革命问题，现尚是军政时期；宣传中央联系会议的议决案。②实际上，湖南省第一次农民代表大会曾在 1926 年 12 月 3 日致电毛泽东称："先生对于农运富有经验，现正讨论各案"，"盼即回湘，指导一切。"③

此前，毛泽东已经领导过韶山的农民运动，主持过农民运动讲习所，显然已成为农民运动的领袖之一。

（一）湖南农民运动的考察历程

1 月 4 日，前往湘潭，当晚在县城组织召开了中共湘潭地委、国民党湘潭党部、县农协等负责人参加的座谈会。

---

① 《毛泽东选集》第 1 卷，人民出版社 1991 年版，第 12 页。
② 中共中央党史和文献研究院编：《毛泽东年谱》第 1 卷，中央文献出版社 2023 年版，第 173 页。
③ 中共中央党史和文献研究院编：《毛泽东年谱》第 1 卷，中央文献出版社 2023 年版，第 171 页。

1月5日，赶往银田寺，连夜召开当地农协干部和会员大会。会后又召开农协干部会议，听取汇报。

1月6日上午，赶往韶山。除了召集农民协会干部座谈会外，还多次召集普通群众座谈。

1月9日至14日，赶到湘乡唐家圫，召集部分农民座谈后，又赶往湘乡县城召集县农协主要负责人座谈。然后赶往横铺萧家冲召集当地农协负责人座谈。

1月15日至23日，在衡山县进行考察。在白果，召开了区农协干部座谈会。接着到岳北农工会调查农民自卫军组织情况。随后，又去了解农民纠察大队人员和枪支情况。

1月17日，前往福田铺，出席农协召开的群众大会。

1月18日上午，在农协所在地召开座谈会。下午，赶往世上冲，召开群众大会。由于发生争吵，毛泽东当即宣布散会。晚上，再次召开群众会议，讲解国际形势和农民运动。会后，又召集部分党员和农协干部及纠察队员座谈。

1月20日，赶往衡山县城，召集当地共产党负责人和县农协、工会等负责人座谈，询问农民武装情况。两次视察衡山县农民运动讲习所，将考察到的情况和各种数据进行分类、统计、分析。在考察结束前，出席国民党衡山县党部和县农协举办的欢送会，并且发表长篇讲话，称赞衡山农民运动和妇女的革命行动。

1月24日，回到长沙，将湘潭、湘乡、衡山三县的调查情况向中共湖南区委负责人作详细汇报。随后，在党校、团校各作一次报告。

1月27日至2月3日，到醴陵考察。毛泽东在县城邀请当地的共产党领导人以及县农会负责人座谈，听取关于醴陵县农民运动情况的汇报。随后连续三个晚上，召集中共醴陵县委各地支部书记和区农民协会委员长座谈，了解全县入冬以来开展农运的情况，研究如何加强领导，扩大农协组织，发展农民武装，建立和巩固农民政权等问题。会上，毛泽东严肃批评了中共党员、国民党醴陵县党部宣传部长李味农关于农运过火的观点。在东富寺考察的三天，毛泽东参加了三次会议：一是有共产党员、农会骨干、自卫队长参加的座谈会；二是三区区委扩大会；三是各方面负责人及东富寺附近一千多农民参加的大会并在会上讲话。

2月4日，回到长沙。在长沙县郊区邀请农协负责人座谈，了解长沙农运情况。

2月5日，历时32天的湖南五县考察结束。原计划还要考察宁乡、新化、宝庆、攸县、武冈、新宁等县，因为时间未能成行。①

（二）《湖南农民运动考察报告》的撰写

考察结束后，毛泽东于 12 日回到中央农民运动委员会所

---

① 王建国：《〈湖南农民运动考察报告〉的曲折问世》，《炎黄春秋》2018 年第 7 期，第 28—34 页。

在地武昌，开始撰写《湖南农民运动考察报告》（以下简称《报告》）。期间，毛泽东还就湖南农民运动考察情况给中共中央写了一封信。

"党从前对农运的错误，已经有所改正，其重要点为：（一）以'农运好得很'的事实，纠正政府、国民党、社会各界一致'农运糟得很'的议论。（二）以'贫农乃革命先锋'的事实，纠正各界一致的'痞子运动''惰农运动'的议论。（三）以从来并没有什么联合战线存在的事实，纠正农协破坏了联合战线的议论。今后问题，不在责备谁人破坏联合战线而在共同负责建设起一个联合战线。（四）农运分三时期，第一组织时期，第二革命时期，第三建议联合战线时期，无论何地必须经过第二时期，始能渡到第三时期，万万不可由第一时期跳到第三时期而不经过一个猛烈打倒封建地主威风的第二时期。（五）湘中、湘南各县多数经过了一个烈风暴雨的农村革命时期（第二时期），乡村陷于无政府状态，应立即实现民主的乡村自治制度，变无政府为有政府，具体的建立农村联合战线，以免去农民孤立的危险；农村中武装、民食、教育、建设、仲裁等问题也才有最后的着落；目前湖南的政治问题，莫急于完成乡村自治这一点，省民会议、县民会议非在完成乡村自治之后决无可言。（六）第二时期（农村革命暴动时期）内，农民一切向封建地主阶级的行动都是对的，过分一点也是对的，因为不过分、不用大力决不能推翻封建阶级几千年积累的权力，决不能迅速完成民主革命，矫枉必须过正，不过正不能矫枉。因此农协万万不可请求政府或团防去拘捕所谓'痞子'，只能提出'农协整顿纪律'的口号，自己去整顿那下级农协的'少数不良分子'，否则没有不减损农民的志气，增长地主的威风的。（七）阻谷问题是各界的怨府，其实乃多数贫农要阻，只少数富农要放，农协只能处于劝告地位，劝告贫农向富农让步，不能专代表富农去打击贫农。阻谷所以利害，全因乡村无政府，不能保障民食，这是政府的责任，不全是农协的责任，要谷米流通只有从速建立新的乡村自治机关负责保障民食。（八）农村间的各种冲突，如农工冲突、农商冲突、农学冲突、农党冲突、贫农与富农的冲突、农民与政府冲突等，均必须抬出 K.M.T.的招牌去解决，万不可马上抬出 C.P.的招牌去解决。因此农民中必须普遍的发展 K.M.T.，让 K.M.T.去调和敷衍这些极难调和敷衍的事情。以前 K.M.T.发展的程度，与农运发展的程度相差得太远，必须大大的在农民尤其是贫农中发展 K.M.T.组织。（九）农民问题只是一个贫农问题，而贫农的问题有二个，即资本问题与土地问题。这两个都已经不是宣传的问题而是要立即实行的问题了。（十）在湖南的许多县，农民在乡村中已经完成了民主革命，贫农的革命情绪依然非常之高，依现在形势，他们简直很迫切的要进到别一个革命了。这样千万贫农大群众（据长沙的调查：贫农占十分之七，中农占十分之二，富农占十分之一）要进到别一个革命，依我的考察是无论如何抑制也不能长久抑制得下的。现在是群众向左，我们党在许多地方都是表示不与群众的革命情绪相称，K.M.T.更不消说，这是一件非常可注意的事。（十一）因此无论（a）为应付目前的环境或（b）准备不久要来的革命，我们党都需要一个大大的发展，至小数目湖南党在六个月内要发展到两万人（现才六千），有农协会员二万以上的县均须成立地方，这样才有办法。（十二）洪会是一种势力，必须拉拢这种势力而不可采打击的方法。（十三）妇女与儿童在乡村起来的形势极佳，妇女尤是一个伟大的力量，不可不加注意。上列十三项，举其要目，详细情形当从明日起三四日内写出一个报告送兄处察核，并登导报。"[①]

从信的内容来看，基本上就是《报告》的写作大纲，且可以推断《报告》的完成时间大约在 2 月 20 日。从《报告》的完整内容来看，其中涉及的部分县并不在毛泽东的实际考察范围内，因此，这些县的农民运动情况，毛泽东只能是通过间接渠道加以了解的。《报告》中所列的"十五年（1926 年）十一月份各县农协会员数量比较表"，便是借用了湖南省农民协会的统计结果。可以说，在撰写《报告》的过程中，毛泽东不仅使用了自己考察过程中所得的资料，也利用了部分从间接渠道获取的资料，从而最终完成了这份内容翔实且极具说服力的调查报告。

---

① 中共中央党史和文献研究院、中央档案馆编：《中国共产党重要文献汇编》第 10 卷，人民出版社 2022 年版，第 59—62 页。

二、《湖南农民运动考察报告》的发表

（一）《战士》周报首发

1927 年 3 月 5 日起，毛泽东撰写的《湖南农民运动考察报告》首先在中共湖南区委机关刊物《战士》周报上连载。

《毛泽东年谱》记载，《湖南农民运动考察报告》全文在中共湖南区委机关刊物《战士》周报第三十五、三十六期合刊，第三十八期、第三十九期连续刊载。[①]《战士》第三十九期在全文结束时，特意声明"第三节完，全篇未完"。《战士》周报刊载的《报告》中写道："贫农的目的完全达到……囤积居奇的也绝迹。此事曾引起地主、富农、商人以至政府的大不满，但这是占百分之七十的贫农广大群众所为，在他们目前的利益上他们认为应该如此，这件事的政治的经济的解释还待后面再说。"[②]"地主惧怕共产，完全卡借，农村几无富人放账的事，此是农村一大问题，详细当待后段论列。"[③]所提"详细"内容却并没有在刊载的《报告》中体现。1937 年的《毛泽东自传》中写道，"在湖南，我视察了五个县份的农民组织和政治状况，并作就报告，主张在农民运动方面采取新路线"。因此，《报告》

[①] 中共中央文献研究室：《毛泽东年谱（1893—1949）》上卷，中央文献出版社 2013 年版，第 181 页。

[②] 毛泽东：《湖南农民运动考察报告》，《战士》1927 年第 38 期。

[③] 毛泽东：《湖南农民运动考察报告》，《战士》1927 年第 39 期。

应该还有关于新路线的内容。毛泽东曾告诉斯诺，称陈独秀十分不同意他的见解，"并且猛烈反对"他的观点。①《毛泽东选集》也强调："当时党内以陈独秀为首的右倾机会主义者，不愿意接受毛泽东的意见，而坚持自己的错误见解。"②因此，曾有学者推断，《战士》周报应该收到了考察报告的全文，但迫于压力，发表时已经进行了修改，甚至没有使用"土地问题"的字样。换言之，《战士》周报连载的《报告》只是手稿的一部分。③

（二）多报刊转载

从 1927 年 3 月 5 日起，毛泽东的《湖南农民运动考察报告》先后在多种报刊上转载。

3 月 12 日，《向导》周报转载了《战士》周报刊登的《报告》内容的第一部分和第二部分前两节，第三节的十四件大事相关内容没有继续刊登，且《向导》周报转载时删除了《战士》周报第三十八期刊登的"十五年（1926 年）十一月份各县农协会员数量比较表"。至于《向导》周报为何只转载了该《报告》的前半部分，学界曾长期认为是由于陈独秀等人的阻挠和压制。但也有学者考察后认为陈独秀等人阻挠《向导》周报全文转载

---

① 〔美〕斯诺：《毛泽东自传》，王衡译，中国青年出版社 2009 年版，第 69—70 页。

② 《毛泽东选集》第 1 卷，人民出版社 1991 年版，第 12 页。

③ 王建国：《〈湖南农民运动考察报告〉的曲折问世》，《炎黄春秋》2018 年第 7 期，第 28—34 页。

《湖南农民运动考察报告》缺乏原始依据，《向导》周报未能全文转载主要是受到当时反蒋斗争的客观形势的影响。1927 年 3 月，蒋介石反革命步伐加快，共产党与国民党左派同蒋介石集团的斗争已经白热化，使得反蒋斗争特别是军事问题成为《向导》周报的中心议题。尤其是"四一二"反革命政变发生后，为了在有限的版面上发表重大的政治、军事消息，《向导》周报不得不将一直存在的"各地通讯"专栏取消，而《湖南农民运动考察报告》本就是以"长沙通讯"在《向导》周报上发表的，未发表的部分自然再无缘与读者见面。另外，《向导》周报作为中共中央的机关刊物，主要任务是刊登指导全党的政治理论文章和重大的时事政治新闻，其转载的《湖南农民运动考察报告》前两章是毛泽东对农民运动的理论概括，是报告的核心内容，未转载的第三部分虽篇幅较长，但只是对湖南农民运动实际情况的描述，从这个意义上来说，《向导》周报仍然比较完整地发表了毛泽东关于农民运动的理论观点。①

　　3 月 28 日，汉口《民国日报》的《中央副刊》第 7 号也发表了《报告》的部分内容。同一天，《湖南民报》也开始连载《报告》。②

　　1927 年 5 月 27 日和 6 月 12 日，共产国际执委会机关杂志

---

① 蔡铭泽：《〈向导〉为何未全文转载〈湖南农民运动考察报告〉》，《新闻研究资料》1991 年第 1 期，第 97—100 页。
② 王建国：《〈湖南农民运动考察报告〉的版本问题》，《中共党史研究》2006 年第 5 期，第 118—120 页。

俄文版和英文版的《共产国际》先后以《湖南的农民运动（报告）》为题，转载了《向导》周报所刊载的毛泽东《湖南农民运动考察报告》，该报告成为毛泽东第一篇被介绍到国外的文章。英文版编者按称："在迄今为止的介绍中国农村状况的英文版刊物中，这篇报道最为清晰。"共产国际执委会主席哈林也称赞这篇《报告》"文字精炼，耐人寻味"。①

此外，《革命的东方》也曾用俄文翻译刊载了《报告》的部分内容。②

（三）长江书店刊印

1927 年 4 月，汉口长江书店以《湖南农民革命（一）》为书名，首次将该《报告》以单行本出版发行。但该版本与《向导》周报一样，未把《战士》周报刊登的《报告》原文中的"十五年（1926 年）十一月份各县农协会员数量比较表"收录在内。

《湖南农民运动考察报告》能够如此及时快速地刊印单行本，与瞿秋白的努力密不可分。瞿秋白在读到《报告》全文时极为兴奋，大加赞赏，决定以党的名义，由党的出版机构——长江书店排版印刷，出版单行本，发给党内的同志们阅读。他还以抱病之躯，为单行本撰写了一篇激情洋溢的序言。序言称：

① 中共中央党史和文献研究院编：《毛泽东年谱》第 1 卷，中央文献出版社 2023 年版，第 182 页。

② 王建国：《〈湖南农民运动考察报告〉的版本问题》，《中共党史研究》2006 年第 5 期，第 118—120 页。

"'匪徒、惰农、痞子……'这些都是反动的绅士谩骂农民协会的称号。但是真正能解放中国的却正是这些'匪徒……'。湖南的乡村里许多土豪、劣绅、讼棍等类的封建政权，都被这些'匪徒'打得落花流水。真正是这些'匪徒'现在在那里创造平民的民权政治，正是全国的'匪徒'才能真正为民族利益而奋斗而彻底反对帝国主义。有'人'说他们是过分了。但是这是不是人话呢？至少都是反革命派的话。"序言指出："中国农民要的是政权，是土地。因为他们要这些应得的东西，便说他们是'匪徒'。这种话是什么人说的话！这不但必定是反革命，甚至于不是人！农民要这些政权和土地，他们是要动手，一动手自然便要侵犯神圣的绅士先生和私有财产。他们实在'无分可过'。他们要不过分，便只有死，只有受剥削！中国农民都要动手了，湖南不过是开始罢了。"在序言结尾处，瞿秋白发出号召："中国革命家都要代表三万万九千万农民说话做事，到战线去奋斗，毛泽东不过开始罢了。中国的革命者个个都应当读一读毛泽东这本书，和读彭湃的《海丰农民运动》一样。"①

　　总体而言，《湖南农民运动考察报告》在抗战时期刊印发行量较小，而且主要是作为附录收入各根据地编印的《毛泽东选集》中。随着解放战争的顺利进行，解放区掀起土改热潮，各解放区陆续出版了诸多版本的《湖南农民运动考察报告》。据

----

　　① 中国革命博物馆党史研究室编：《党史研究资料》第 1 集，四川人民出版社 1980 年版，第 335 页。

学者考察，解放战争时期出版的《报告》版本大致可分为三类。第一类是根据《向导》周报或《中央副刊》的内容印刷，虽然冠名为《湖南农民运动考察报告》，但实际上只有"农村革命"和"革命运动"两部分内容，"十四件大事"则付诸阙如，如韬奋书店盐阜分店 1947 年 12 月版、东北书店翻印版、光明书店翻印版等。第二类是全文出版，主要有晋察冀新华书店 1947 年版、鲁南时报社 1948 年版、华东新华书店 1948 年版、东北书店 1948 年版、华中新华书店 1949 年版、北京新华书店 1949 年版、苏北新华书店 1949 年版、苏南新华书店 1949 年版、浙江书店 1949 年翻印本、解放社 1949 年版等。这些版本均有附注说明："本文原版没有找到……可能有错误之处，待将来找得原本时再加校正。"①第三类是内容齐全，除了注明是全文外，还附有陈伯达的《读〈湖南农民运动考察报告〉》，如华北新华书店 1948 年版、华北大学 1948 年翻印本等。所有的版本都注有"一九二七年三月在《向导》周报及《中央副刊》上发表"，但是都没有提及该文曾在《战士》周报上发表。

三、《湖南农民运动考察报告》的版本差异

无论是《战士》或《向导》刊载的《湖南农民运动考察报

---

① 中共中央文献研究室：《文献和研究（一九八四年汇编本）》，人民出版社 1986 年版，第 453 页。

告》，还是其单行本的出版，各种版本的《报告》文本之间存在明显的差别。

（一）文本框架的变化

从文本框架结构上看，《战士》周报的《报告》文本分为三部分，《向导》周报刊载《报告》前两部分，分别以"农村革命"和"革命先锋"为标题。收入《六大以前党的历史材料》时，《报告》文本直接分为"农村革命""革命先锋""十四件大事"三章，章下设节，标题也略有修改。收入新中国成立后出版的《毛泽东选集》时，取消原本"章"的设置，直接以原来的节为标题，变为八个部分。

（二）汉口长江书店版单行本文本内容的修订

1927 年 4 月，汉口长江书店出版的《湖南农民运动考察报告》单行本与其他版本相比，内容上的最大不同在于，单行本刊有瞿秋白写的长达 1600 余字的序言。

与《战士》周报刊登的初版《报告》相比，单行本将第二章第三节单独成章，并将标题由"农民在农民协会指挥之下做了些什么事"改为"农民与农民协会"。而此章下的十四件大事中，第六件大事的标题由"改造县政治打倒贪官污吏"改为"推翻县官老爷衙门差役的政权"；第七件大事的标题由"动摇宗法思想制度开始打倒族权神权夫权"改为"推翻祠堂族长的族权和城隍土地菩萨的神权以及父夫的男权";第十三件大事的标题由"合作社运动"改为"合伙铺运动",并于文末加了一句说明："合作的名词在农民太不通俗,或者可以译之为合伙铺。"

此外,第九件大事"农民诸禁"中的内容变动较大。《战士》周报刊登的初版中写道:"因为工业品特贵,农产品特贱,农民受商人剥削非常厉害,不得不消极的自卫。看这个趋势,农村将完全退缩到自足经济时代,除盐以外,农村将抵制一切商品进乡,同时又将尽量阻止农产品进城,如现在把谷米阻碍天死地煞一样。我们不要看轻这些小情节,这就是'中国的剪刀问题',不想法子抑压工业品价格,提高农产品价格,即城市不向农村让步,是不能解决这个问题的。"这段话在单行本中修改为:"因为工业品特贵,农产品特贱,农民受商人剥削非常厉害,不得不消极自卫。这是奸商剥削的缘故,并非农民有拒绝工业品,实行东方文化的主义。农民的经济自卫,其势必须组织合作社,实行共同贩卖,共同生产,并须政府予以援助,使农民协会能组织信用(放款)合作社。如此,农民自然便不必以阻谷为维持食粮价格的方法,也不会拒绝工业品入乡为经济自卫的唯一方法了。"有学者认为,原版虽然肯定农民自然经济,但拒绝工业品进乡,要想解决中国"剪刀差"问题就要解决工业品和农产品的价格悬殊问题。而修改后的版本则强调农民组织合作社,通过农民自己参与产品的流通来抵制奸商剥削。这一修订体现了毛泽东掌握和运用马克思主义观点的成熟。[①]而且毛泽东在 1945 年 4 月中共七大上曾提过："一九二七年我写过一篇文章，有马克思主义的观点，但是在经济问题上缺乏马克思主义的观点，所以经济问题写错了。"[②]

（三）《六大以前党的历史材料》收录文本内容的修订

1942 年出版、1951 年再版的《六大以前党的历史材料》，收录了《湖南农民运动考察报告》一文。这次收录，对《报告》的文本内容又做了些许修改。

（1）标题上的修改

在汉口长江书店单行本内容的基础上，将第二章第二节的标题由"革命先锋或革命元勋"改为"革命先锋"，将第三章的标题由"农民与农民协会"改为"十四件大事"，着重强调农民运动中农民们做的具体事情。另外，给第二章第一节的标题"痞子运动"加了引号，有学者提出这是为了表明对农民运动的肯定，驳斥那种将"农民运动"视作"痞子运动"的错误观点。

（2）文本的删减

第一章第四节原文中"宗法封建性的土豪劣绅，不法地主阶级，乃几千年专制政治的基础，帝国主义军阀贪官污吏的墙

① 吴倩：《〈湖南农民运动考察报告〉的版本考略及其意义》，《北京科技大学学报（社会科学版）》2010 年第 2 期，第 124—128，133 页。
② 《毛泽东文集》第 3 卷，人民出版社 1996 年版，第 298 页。

— 44 —

角"和"论功行赏，如果把完成民主革命的功绩作十分，则市民及军事的功绩只占三分，农民在乡村革命的功绩要占七分"两部分内容，在收入《六大以前党的历史材料》时被完全删除。之所以要删除，是因为此种陈述带有明显的主观色彩，不利于国共合作的开展和统一战线的维护。①

第一章第五节原文中"将地主打翻在地，再踏上一只脚"之后，删除"造出'有土必豪，无绅不劣'的话，有些地方甚至五十亩田的也叫他土豪，穿长褂子的叫他劣绅。"删除"所以唐孟潇先生也说：'农民在乡下捉土豪劣绅，十个有九个是对的。'"

第二章第一节对部分贫农的负面描写——"那些从前在乡下所谓踏烂鞋皮的，挟烂伞子的，打闲的，穿绿长褂子的，赌钱打牌四业不居的"被删除。强调阶级分析，且要依靠贫农，这种对贫农的负面描写有损贫农形象，收入《六大以前党的历史材料》时删掉也是顺应现实需要的。②与此同时，第七件大事中提到的"性的方面也比较的有自由，农村中三角及多角关系，在贫农阶级几乎是普遍的"也是出于同样的考虑被删除。

第二章第二节原本对赤贫的描写"全然无业，即既无土地，又无资本，完全失去生活根据，不得不出外当兵，或出外做工，或打流当乞丐的，或为非作歹做盗贼的，都是'赤贫'"，其中，

① 吴倩：《〈湖南农民运动考察报告〉的版本考略及其意义》，《北京科技大学学报（社会科学版）》2010 年第 2 期，第 124—128、133 页。

② 王建国：《〈湖南农民运动考察报告〉的文本问题》，《安徽史学》2007 年第 5 期，第 76—80 页。

"或为非作歹做盗贼的"这种明显带有贬义的一句话，在收入《六大以前党的历史材料》时被删去。第二章第二节中"富农或中农带着讥笑的声调说道……"在收入《六大以前党的历史材料》时删掉了"中农"一词，这反映了对中农革命态度所发生的变化。

第五件大事中，删除"在目前虽然有一些还正在斗争中，但湘中湘南各县是已经不成问题了，只有湘西还有些问题"。

第七件大事中，删除"祖宗牌子要农民自己打碎"。

第九件大事中，删除"禁止坐轿子已成风，只有做农运的人可坐，否则呼打"；删除"城里人总是要吃牛肉，故城里人总是要杀牛"。

第十三件大事结尾，删除"合作的名词在农民太不通俗，或者可以译之为合伙铺"。因为本件大事的标题由"合伙铺运动"改为"合作社运动"，正文做出相应删除非常合理。

（3）文本的修改

第一章第四节中"一切革命同志都要拥护这个变动，否则他就是反革命"，在收入《六大以前党的历史材料》时修改为"一切革命同志都要拥护这个变动，否则他就站在反革命的立场上去了"，第五节中"必须不准人批评农会"修改为"必须不准人恶意批评农会"。

第二章第二节论及贫农时有这么一段话："乡村中一向苦战奋斗的，只有一种人，就是贫农。从秘密时期起，一直到公开时期，都是他们在那里奋斗，组织也是他们在那里组织，革命也是他们在那里革命。只有他们与土豪劣绅总是死对头，他们毫不迟疑的向土豪劣绅营垒打击，一切破坏的工作，都只有他们做得出。"此段话在收入《六大以前党的历史材料》时改动较大，不仅删除了"一切破坏的工作，都只有他们做得出"，而且强调只有"贫农"的革命积极性最高以及最听共产党的领导，最后修改为："乡村中一向苦战奋斗的主要力量是贫农。从秘密时期到公开时期，贫农都在那里积极奋斗。他们最听共产党的领导。他们和土豪劣绅是死对头，他们毫不迟疑地向土豪劣绅营垒进攻。"

第三章十四件大事在收入《六大以前党的历史材料》时也有所修改。

第三件大事中谈到谷米出境时写道："此事曾引起地主、富农、商人以至政府的大不满，但这是占百分之七十的贫农广大群众所为，在他们目前的利益上他们认为应该如此，这件事的政治的经济的解释还待后面再说。"在收入《六大以前党的历史材料》时改为："此事曾引起地主、富农、商人以至政府的大不满，这件事的政治的经济的解释，留在后面再说。"谈到加租加押时，删除了地主们"断无反抗的可能了"的表述。

第七件大事中的"期于根本解决贫农的经济问题"，在收入《六大以前党的历史材料》时改为"期于彻底解决贫农的土地及其他经济问题"。此时，将土地问题提上日程，与当时的社会背景是密切相关的。"我们对于这些东西的宣传政策是'引而不发，跃如也'"，修改为"共产党对于这些东西的宣传政策应当是'引而不发，跃如也'"。这段表述中，将"我们"修改为"共产党"，突出了共产党在农民运动宣传中的作用。

第八件大事中的"政治宣传的普及乡村，全是农民协会的功绩"一句，收入《六大以前党的历史材料》时在"农民协会"前加上了"共产党"，突出了共产党在农民协会中的作用。

第九件大事中"这是奸商剥削的缘故，并非农民有拒绝工业品，实行东方文化的主义"，在收入《六大以前党的历史材料》时修改为"这都是农民贫困和城乡矛盾的缘故，并非农民拒绝工业品，实行东方文化主义"。

总体来看，收入《六大以前党的历史材料》时对《报告》的修改，一方面体现了以毛泽东同志为主要代表的中国共产党人对农民、农民运动以及马克思主义认识的逐渐深入与发展，另一方面减少了一些带有浓厚主观感情色彩词语的运用，立场更加客观，语气也相对要柔和一些。此外，修改过程中也注重突出了共产党在农民运动中的作用。需要指出的是，这些修改并没有改变《报告》本身的立意与内涵。

（四）1951年《毛泽东选集》收录文本内容的修订

1951年《毛泽东选集》第1卷出版时，毛泽东亲自对《报告》再次作了修订。

（1）章节的调整

本次修订的《报告》，去掉了原本的章节排序，直接以原文的节标题为标题，将全文分为八个部分，由此，这八个部分之间的关系变为并列关系。

（2）标题的修改

十四件大事的标题修改，其中，第一件大事的标题"将农民组织在农会之下"改为"将农民组织在农会里"；第四件大事的标题由"推翻乡村土豪劣绅的封建政治——打倒都团"改为"推翻土豪劣绅的封建统治——打倒都团"；第七件大事的标题由"推翻祠堂族长的族权和城隍土地菩萨的神权以及父夫的男权"改为"推翻祠堂族长的族权和城隍土地菩萨的神权以至丈夫的男权"；第十三件大事的标题由"合伙铺运动"改回初版中的"合作社运动"。

此外，为了表示强调，还分别将"糟得很"和"好得很"加上引号；在"'过分'的问题"和"痞子运动"部分前都加上了"所谓"两字，也在一定程度上体现作者的阶级立场和对待农民运动的态度更加明确。

（3）文本的删减

"打倒土豪劣绅，一切权力归农会"中，删除"农民有了组织，便行动起来"和"农会的人在会场里放个屁也是灵的"。

在"革命先锋"部分论及贫农时，删掉了"组织也是他们在那里组织得特别积极，革命也是他们在那里革命得特别积极"表述。

在第三件大事"经济上打击地主"中"不准谷米出境"部分，删掉"此事曾引起地主、富农、商人以至政府的大不满，这件事的政治的经济的解释，留在后面再说"的内容；"减息"部分删掉"此是农村一大问题，详细当待后段论列"的内容。正如前文所言，此两句对应的内容在《战士》周报首次刊载时就没有体现，因此在编入《毛泽东选集》时删去这两句，是为了让《报告》本身的内容和结构更加完整。

第七件大事结尾，删除"我料想在他们的一笑中介，神和菩萨都跑光了"。

（4）文本的修改

"革命先锋"部分谈到中农对待农会的态度时，将"他们在农会虽比富农略好，但始终不能积极，仍然保存他们那种游移的态度"，改为"他们在农会的表现比富农好，但暂时还不甚积极，他们还要看一看"。这一修改体现了毛泽东结合当时实际情况对中农态度认识的改变。

十四件大事中第九件事谈及禁令的意义时，"这都是农民贫困和城乡矛盾的缘故，并非农民拒绝工业品"，改为"这都是农民贫困和城乡矛盾的缘故，并非农民拒绝工业品和城乡贸易"，这应当是当时的毛泽东已经认识到了商业的重要性。且在此句之前，毛泽东补充说明"至于前述之农民阻谷出境，是因为贫农自己粮食不够吃，还要向市上买，所以不许粮价高涨"。《报告》末尾"总上十四件事，都是农民在农会的指导下做出来的，请读者们数一数那（哪）一件不好？"修改为"总上十四件事，都是农民在农会的领导下做出来的，就其基本的精神说来，就其革命意义说来，请读者们想一想，哪一件不好？"所增加的

"就其基本的精神说来，就其革命意义说来"，表明毛泽东对农民运动的具体做法即十四件大事，并不是无条件支持的，而是从精神和革命意义上给予肯定。

除了上述实质性的修改以外，毛泽东还对《报告》内容作了一些文字上的处理，比如针对"农民做了国民革命的主要工作"一句，将"主要"改为"重要"；将"贫农领袖中，从前虽有些确是缺点很多的"改为"贫农领袖中，从前虽有些确是有缺点的"；将赤贫"占七十分之二十"改为"占百分之二十"，次贫"占七十分之五十"改为"占百分之五十"等。这些文字处理是出于对时代通用语言的运用，使文字表述更加通畅，表达更加准确，也在一定程度上增强了认识的客观性。

总之，今天读者阅读的《毛泽东选集》第1卷中收录的《湖南农民运动考察报告》，从最初的《战士》周报版本到《向导》周报版本，从长江书店的单行本到收入《六大以前党的历史材料》及《毛泽东选集》的版本，无论是标题、文本、内容、形式都有一些重要的变动，既是时代的反映又具有时代的印记，也体现了毛泽东认识的变化和掌握、运用马克思主义观点的成熟，因此，目前看到的《毛泽东选集》的版本显得更为准确和成熟。

第三章　农民问题是中国革命的重要问题

农民问题是无产阶级革命总问题的重要部分，是无产阶级革命斗争中的同盟军问题。无产阶级要实现自身的解放，就必须与农民结成同盟。因此，农民问题是中国革命的重要问题，而作为无产阶级先锋队的中国共产党，必须慎重研究农民问题，将农民争取自身解放的斗争与无产阶级争取解放的斗争联系起来。

一、中国农民问题的严重性

自明代以来，便有"湖广熟，天下足"的说法。20世纪初期，农民在帝国主义、封建主义和官僚资本主义的三重压迫下生活极其困苦。他们不仅受到地主的剥削，还受到高利贷和商业资本的盘剥，生活困窘。湖南作为重要的农业省份，由于灾害频发、军阀混战，多数湖南农民非但未曾品尝丰收的喜悦，反而只能在生死边缘苦苦挣扎，承受着极为高昂的地租。比如，长沙"最高十分之七，普通十分之五"，湘潭"佃农所得占收获十分之三，田主所得占十分之七"，湘乡的地租剥削更为严重。①赵恒惕统治期间，湖南全省农村有 75% 的耕地掌握在地主手中。地主们不仅掌握土地，放高利贷，甚至部分地主本身就是军阀、官僚或与帝国主义勾结的土豪劣绅。他们不仅对农民进行地租和押租剥削，还对农民进行高利贷剥削。桃源县有一种"孤老钱"，借洋 1 元，1 个月后还 2 元，2 个月后还 4 元，依此类推。临湘县则有借 1 元每日利息 0.1 元，每满 10 元即算复利，依此计算借洋 1 元满一个月须还本息 8 元。②

1920 年 10 月，《大公报》（长沙）曾刊登《农夫与田东》一文，对湖南宁乡县农民的痛苦生活有极为详细的描述，其中指出："有田的人不种田，种田的人没有田，这是通例。"佃租一般分四项：一是棹上开田，这样可以在习惯上的"双租"③之外，增加名义田亩数，比如有田 10 亩虚增至 15 亩，从而实现地主们增加田租的目的。二是地主收租实行斗桶租，每石 110 升，而正常府斛每石 100 升，等于变相又增加了田租。三是车租，就是收租时把风车拿来，筛选最饱满的高质量谷粒。四是租鸡，即按田亩数向地主缴纳鸡，田亩数越多缴纳的鸡的数量也越多。此外，还常有加佃（即地主需要钱无须借贷，只需向佃户要求加银若干）、应工（即佃户每年需要在地主家做工，但

① 中国社会科学院经济研究所中国现代经济史组：《第一、二次国内革命战争时期土地斗争史料选编》，人民出版社 1981 年版，第 74 页。

② 中共湖南省委党史研究室：《中国共产党湖南历史·第 1 卷（1921—1949）》上，湖南人民出版社 2008 年版，第 128—129 页。

③ 习惯上佃田每亩押租银 4 两，租谷 2 石，名曰"双租"。

没有工钱）等额外附带条件。按照当时正常年份的农业产出水平，农民佃田 30 亩，每亩收谷 4 石，不计算加佃、应工等附带条件的前提下，被地主各种盘剥后只余谷 18 石 9 斗。"再别说那谷贱伤农的官话"，因为"谷是在田主的仓里"，农民根本没有谷。因此，宁乡的土匪多，流氓多，当兵的多，"这都是那万恶滔天的田主制造出来的"。①

1925 年，湖南省继上年大水之后又遇春荒夏旱，有 50 余县"青苗枯萎，米价腾贵，另有少数县乡被水雹之灾，灾民迭起'闹荒'"②，大量本地及邻省灾民不断涌入湖南各城镇乞食，仅长沙一市"数月以来，几达四十万众"③。面对灾情，赵恒惕主政的湖南省政府及社会救助团体联手实施了多项救灾举措。"后因灾情加重，政府为避免灾民集聚省城扰乱社会秩序，遂令'由各机关联合派员，携带巨款，前往各该县赈救'"，同时公布从 1926 年 1 月 14 日始"停止发给赈济米粮"。④在个别地区，荒民还同军警爆发了激烈冲突，接连出现荒民遭枪杀的惨剧。

导致灾民濒临绝境的原因，除了天灾，还有人祸。尽管湖

①《农夫与田东》，《大公报》（长沙），1920 年 10 月 9 日—12 日。

② 李文海、林敦奎、程歗，等：《近代中国灾荒纪年续编（1919—1949）》，湖南教育出版社 1993 年版，第 129 页。

③《省长安辑岳临湘三县灾民电令》，《大公报》（长沙），1926 年 1 月 21 日，第 6 版。

④ 史泽源：《情感史视角下湖南农民兴衰再研究》，《苏区研究》2023 年第 2 期，第 65—78 页。

南省政府早在 1926 年初便严禁谷米出境，但商人依旧私囤粮食，转运外省；另有驻军勾结行商，以购买军米之名，短价强买米粮，致使谷米价格不断抬高。《大公报》(长沙) 记载，1926 年 1 月 5 日的小河谷、上河米价格分别为 5 元和 10 元，此后价格一路高升，至 4 月 1 日已涨至 6.2 元和 12.3 元，而上年同期价格仅为 3.12 元和 5.78 元。受灾严重地区米价蹿升的速度更为惊人，"吾湘自客岁旱灾后，谷米价额，超过昔日数倍"。"贫民对之，大有神仙难过正二月之慨。"①此外，在湖南境内穿行、留驻的客军，更是肆意强捐暴掳。在永顺县，"正夏日炎炎久旱成灾之际，贺旅长敦武，盘踞城中。捐借遍二十余乡。提征十六七年，不惟民间之谷米财物殆尽。即救灾会由辰转运之赈米、蚕豆，扫数提归军食。灾民未得颗粒"②。自 3 月始，部分地区已经出现卖妻鬻子甚至烹食人子的惨象。一直到 4 月初，旱灾仍不见消退迹象，农民因无法播种"莫不大起恐慌"。③眼见秋收无望的农民，只能加入到乞食大军中。4 月底，湖南灾情出现转机：一方面，数万石商米从上海运来；另一方面，湖南各地普降甘霖，旱灾开始得到缓解。然而，湖南在大旱之后又遭遇了大涝，"6、7 月之交（五月下旬），湖南大雨不止，山洪暴发，湘、沅、资诸水及洞庭湖泛滥，长沙等 30 余县市概成泽

---

① 《谷米市价大涨》，《大公报》(长沙)，1926 年 2 月 24 日，第 7 版。

② 《永顺被军队蹂躏惨状》，《大公报》(长沙)，1926 年 2 月 3 日，第 7 版。

③ 史泽源：《情感史视角下湖南农民兴衰再研究》，《苏区研究》2023 年第 2 期，第 65—78 页。

国，田禾庐舍漂没，铁路邮电中断"。[①]另《长沙县志》记载，
6月至7月，"湘江中下游普降暴雨，7月3日，长沙最高水位
达38.89米，倒塌房屋万间，尸首漂流，灾民四处逃荒"[②]。因
降雨回到乡间重拾耕作的农民，又被迫踏上辗转于城镇间的乞
食之路。在灾民日多、乞食无处的情况下，大量农民被迫落草
为寇。其实早在1926年初，湖南省便不断传出匪患的消息，而
民众遭灾无以为食，恰是匪患猖獗的首要原因。在浏阳市，"土
匪因岁歉而愈多，杀人越货之事，层见叠出，人民痛苦已至登
峰造极地位"[③]。"哪里有压迫，哪里就有反抗"。在这种情势
下，农民运动发展几成必然。

　　毛泽东在《报告》中，对农民问题的严重性着墨不多，只
用了两句话"许多农民运动的道理，和在汉口、长沙从绅士阶
级那里听得的道理，完全相反"，"许多奇事，则见所未见，闻
所未闻"。然后就给出了结论，"所有各种反对农民运动的议论，
都必须迅速矫正。革命当局对农民运动的各种错误处置，必须
迅速变更。这样，才于革命前途有所补益"[④]。而毛泽东在《报
告》中提出的"农民问题的严重性"的含义，显然不仅仅是农

　　① 李文海、林敦奎、程歗，等：《近代中国灾荒纪年续编（1919—1949）》，
湖南教育出版社1993年版，第146页。
　　② 长沙县志编纂委员会编：《长沙县志》，生活·读书·新知三联书店1995
年版，第79页。
　　③ 史泽源：《情感史视角下湖南农民兴衰再研究》，《苏区研究》2023年第2
期，第65—78页。
　　④《毛泽东选集》第1卷，人民出版社1991年版，第12页。

民问题本身很严重，党内部分人对农民问题的错误认识和错误态度也很严重，因此，这才得出"所有各种反对农民运动的议论，都必须迅速矫正。革命当局对农民运动的各种错误处置，必须迅速变更"①的结论。同时，毛泽东在《报告》中预言："很短的时间内，将有几万万农民从中国中部、南部和北部各省起来，其势如暴风骤雨，迅猛异常，无论什么大的力量都将压抑不住。他们将冲决一切束缚他们的罗网，朝着解放的路上迅跑。一切帝国主义、军阀、贪官污吏、土豪劣绅，都将被他们葬入坟墓。"②

二、对待农民问题的三项选择

毛泽东在《湖南农民运动考察报告》中提出："一切革命的党派、革命的同志，都将在他们面前受他们的检验而决定弃取。"即是说，在农民运动面前存在不容回避的三个选择项：一是站在他们的前头领导他们；二是站在他们的后头指手画脚地批评他们；三是站在他们的对立面反对他们。③从价值哲学的视域来看，这直指人心的"三个选择项"提问，实际上是关乎价值立场选择的提问。国民党左派领袖廖仲恺说过，"哪一派代表较多数人民的利益，便为革命派；哪一派反对较多数人民的

①《毛泽东选集》第 1 卷，人民出版社 1991 年版，第 12 页。
②《毛泽东选集》第 1 卷，人民出版社 1991 年版，第 13 页。
③《毛泽东选集》第 1 卷，人民出版社 1991 年版，第 13 页。

利益，便为反革命派。""占我国人口最多的是农工阶级，哪一派人对农工阶级，打消压迫他们的力量，便是革命派；反而言之，与军阀、帝国主义者妥协，并压抑农工的人们，便是反革命派。"①因此，尽管毛泽东写的是"每个中国人对于这三项都有选择的自由，不过时局将强迫你迅速地选择罢了"②。但是毫无疑问，作为革命派，站在人民至上的价值立场，站在维护农民根本利益的一边，只能选取第一个选择项，即"站在他们的前头领导他们"。可以说，对待农民运动的态度如何，已经成为检验革命派或反革命派的标准。毛泽东在湖南全省第一次工人和农民代表大会闭幕典礼上指出，只准地主向农民进攻，不准农民向地主做斗争的人，就是站在帝国主义、反革命一方，就是破坏革命的人。③

　　毛泽东对待农民问题如此态度鲜明，与其长期对中国农民问题的关注密切相关。中共三大上，毛泽东就曾指出，湖南工人数量很少，国民党党员和共产党党员更少，但农民漫山遍野都是，因此，我们应该发动农民，以取得革命成功。1924 年 9 月，毛泽东领导的中共湘区委员会决定在湘江学校开办农民师范部，为农民运动储备人才。从 1925 年开始，毛泽东即以主要精力领导农民运动，对中国农民问题进行了许多理论研究与探

　　①《反农民运动与反革命》，《战士》第 25 期，1926 年 11 月 21 日。
　　②《毛泽东选集》第 1 卷，人民出版社 1991 年版，第 13 页。
　　③ 中共湖南省委党史研究院：《中国共产党湖南历史·第 1 卷（1921—1949）》，中共党史出版社 2021 年版，第 182 页。

索，他对农民问题的看法，基本代表了中国共产党人在当时所能达到的认识高度。在《中国农民中各阶级的分析及其对于革命的态度》一文中，毛泽东初步提出中国共产党领导农民运动要依靠贫农、团结中农、反对地主阶级的阶级路线，从而解决了中共四大没有解决的无产阶级应该与农村中哪些阶级结成联盟的问题，为中国共产党正确认识农民在新民主主义革命中的地位和作用，正确制定对农民的政策奠定了重要的理论基础。1926 年 6 月，毛泽东主持广州第六届农民运动讲习所的工作，并亲自讲授了"中国农民问题""农民教育"等课程。他总结了中国农民斗争的历史，特别是辛亥革命以来的历史经验，从人口数量、生产者、革命力量、战争关系和革命目的五个方面，阐明了农民问题在国民革命中的地位，得出了"中国国民革命是农民革命"的结论。9 月，毛泽东为《农民问题丛刊》撰写了题为《国民革命与农民运动》的序言，论述了农民运动与国民革命的关系，指出农民问题是国民革命的中心问题，宗法封建的地主阶级特权，要靠"农民从乡村中奋起打倒"。他在文中更直接指出："农民问题乃国民革命的中心问题，农民不起来参加并拥护国民革命，国民革命不会成功。"①农民才是无产阶级最广大和最可靠的同盟军，更是中国革命的主力军。

对于由谁来领导农民运动的问题，事实上党内也存有分

---

① 中共中央文献研究室、中央档案馆编：《建党以来重要文献选编（1921—1949）》第 3 册，中央文献出版社 2011 年版，第 384 页。

歧。在陈独秀眼中，农民的缺点实在太多——居住散漫、文化低下、私有观念、趋向保守、畏难苟安等，这些都成为农民难以加入革命运动的原因。所以，要想使农民加入革命运动，只有在强大的无产阶级领导之下才有可能。可是当时中国工人阶级尚未成熟，自己还不是一个独立的革命势力，更谈不上领导农民了。只有国民革命完全成功后，无产阶级发展壮大起来才可以。陈独秀认为，"产业幼稚的中国，工人阶级不但在数量上是很幼稚，而且在质量上也很幼稚。""极少数最有觉悟的工人，在质量上虽然很好，在数量上实在太少，其余的工人更是质量上数量上都还幼稚，所以不能成功一个独立的革命势力。"①因此，在陈独秀看来，只有资产阶级才能够成为革命运动的主体，"殖民地半殖民地的各社会阶级固然一体幼稚，然而资产阶级的力量究竟比农民集中，比工人雄厚，因此国民运动若轻视了资产阶级，是一个很大的错误观念"②。毛泽东在分析了中国民族资产阶级的特点后，得出的结论是，"中国的中产阶级，以其本阶级为主体的'独立'革命思想，仅仅是一个幻想。""那动摇不定的中产阶级，其右翼可能是我们的敌人，其左翼可能是我们的朋友——但我们要时常提防他们，不要让他们扰乱了我们的阵线。"因此，他认为"工业无产阶级人数虽不多，却是中

① 中共中央党史研究室、中央档案馆编：《中国共产党第三次全国代表大会档案文献选编》，中共党史出版社 2022 年版，第 164—165 页。
② 中共中央党史研究室、中央档案馆编：《中国共产党第三次全国代表大会档案文献选编》，中共党史出版社 2022 年版，第 162 页。

国新的生产力的代表者，是近代中国最进步的阶级，做了革命运动的领导力量。"①中共湖南区委在实际工作中也逐步认识到由共产党领导农民运动的必要性。1926 年 11 月 5 日，中共湖南区委在给中共中央的报告中指出，湖南农民运动发展过程中，出现了反动势力"随之勃起"的新形势，为了避免农民运动陷入孤立的局面，提出了准备采取的 9 条政策，其中一条是"在农民中用更大的力量取得我们党的政治的领导权，发展党的组织"②。

正因为无论是历史上还是现实中，农民问题都是中国革命必须回答和解决的问题，又因为共产党党内对农民问题存在不同的态度，所以毛泽东从价值的立场回答了中国农民问题的三项选择，为解决党对农民问题的领导权提供了重要指导。

① 《毛泽东选集》第 1 卷，人民出版社 1991 年版，第 8—9 页。
② 中共中央党史和文献研究院、中央档案馆编：《中国共产党重要文献汇编》第 9 卷，人民出版社 2022 年版，第 485 页。

第四章 湖南农民运动的两个时期

毛泽东在《湖南农民运动考察报告》中将湖南的农民运动大致上分为两个时期：1926 年 1 月到 9 月为第一个时期，即组织时期；1926 年 10 月到 1927 年 1 月为第二个时期，即革命时期。对农民运动发展阶段的划分，意味着毛泽东对农民运动认识的不断深入，对农民运动规律和趋势的把握更为准确。尽管在《报告》中，毛泽东提出 1926 年 1 月至 9 月是湖南农民运动的组织时期，实际上湖南农民运动的兴起要远远早于这个时间点。

一、湖南农民运动早期的发展

1923 年 8 月，谭延闿奉孙中山之命入湘，讨伐军阀赵恒惕。9 月，衡山农民趁谭赵作战之机，成立了岳北农工会，标志着湖南有组织农民运动的开端。岳北农工会由毛泽东委派谢怀德、刘东轩组织，是湖南省第一个由共产党领导的农民组织。最初入会的有 6000 多户（一家只能有一人登记入册），总人数约 4 万人。岳北农工会主张改良农民生活，"阻禁米谷出口以平谷

价"。①但是，此时的湖南党组织并没有对其实行领导。至 11
月中旬，重新占领衡山的赵恒惕派兵镇压岳北农工会，4 人被
杀，70 余人被捕。

　　1924 年湖南发生严重的水灾，1925 年湖南又遭遇春荒夏
旱。因政府缓解灾情不力，加上农民本身因为灾情恐慌不安，
社会的不稳定性与日俱增，为革命的宣传动员提供了有利的社
会条件。

　　1925 年春，毛泽东从上海回到湖南湘潭韶山养病，他以走
亲访友的名义广泛接触农民、进步知识分子和开明绅士，了解
农民的政治经济情况和农村各阶层对革命的态度，并在附近农
民中组织雪耻会，宣传"打倒洋财东"、打倒军阀，推动组织乡
农民协会。湘潭农民运动，成为"湖南全省之中心"，到了 10
月，"所成立之乡协达二十余处，人数达千余"②，开展了阻禁
运粮外出、实行平粜、增加雇农工资、减租等斗争，与地主土
豪时常发生冲突。但随着毛泽东离开湖南，农民斗争没有持续
发展下去。同年 5 月，汪先宗根据湖南区委的指示，在湘潭株
洲联络群众成立农民协会，开展平粜谷米、减租减息等斗争，
会员一度发展至 5000 人。但 10 月汪先宗即被团防局逮捕，11
月被杀害，成为湖南全省农民运动领袖的第一个牺牲者。此后，
当地农民运动被迫转入秘密状态。同年，长沙的农民运动也秘

　　① 陈独秀：《广东农民与湖南农民》，《向导》第 48 期，1923 年 12 月 12 日。
　　② 中共湖南省委党史研究院：《中国共产党湖南历史·第 1 卷（1921—
1949）》上，湖南人民出版社 2008 年版，第 135 页。

密开展。1926 年湘潭县农民协会在回忆 1925 年农民运动工作时曾辛酸地谈道:"农民协会的组织,稍一公开,便实行武装解散,利用和大地主的联合战线,陷农民于十八层地狱之中。"①

1925 年底,国共两党均将湖南地区的工作重心转向了农民运动,共产党在农村中的工作有所加强。10 月,中共湖南区委扩大会议通过《关于农民运动决议案》,认为此时的农民运动对于党将来革命运动的发展至关重要,因此,农民运动是当时迫切重要的工作。决议提出了针对农村不同阶级的工作策略,并决定从实际问题入手对农民进行宣传,各地农民协会均应秘密地组织起来。此次会议还强调:"国民党省〔党〕部应根据我们决议案,制成一种农民运动纲要,责成各级党部实行之。"②11月,国民党湖南省党部果然据此颁布了内容几乎一致的《湖南农民运动实施纲要》,并在开篇强调:"农民运动为本党第一重大工作","中国国民革命可说只是解决中国农民问题的革命"。③可以说,第一次国共合作为湖南农民运动的发展创造了有利的条件。尽管如此,"湘潭、衡山、平江、长沙等县及直辖安源市各党部所在地虽亦有萌动,然成效尚微"④。

---

① 湘潭县地方志编纂委员会:《湘潭县志》,湖南出版社 1995 年版,第 914 页。
② 中国革命博物馆、湖南省博物馆编:《湖南农民运动资料选编》,人民出版社 1988 年版,第 62 页。
③ 中国革命博物馆、湖南省博物馆编:《湖南农民运动资料选编》,人民出版社 1988 年版,第 165 页。
④ 中国革命博物馆、湖南省博物馆编:《湖南农民运动资料选编》,人民出版社 1988 年版,第 165 页。

二、湖南农民运动的组织时期

（一）秘密活动时期（1926 年 1 月至 6 月）

1926 年初，湖南农民运动依旧保持秘密活动状态。农民运动干部在农村广泛进行反对吴佩孚、驱逐赵恒惕的宣传，采用串联的办法继续发展农会会员。1 月，湖南长沙、湘潭、平江、益阳、宁乡、醴陵、华容、常德、安源、安化、宝庆、衡山等地均已着手进行农民运动，秘密或公开地组织农民协会，加入农会组织的农民有 2 万余人。①尽管中国共产党在农民运动上投入了巨大精力，直至 1926 年 4 月，湖南全省已有 28 个县建立了农协组织，但农会会员仍不到 4 万人，且仅有长沙正式成立了县农协。②随着赵恒惕被驱逐出湖南，湖南农协的发展加快，农民运动随之由秘密活动逐渐走向半公开或公开。

（二）公开活动时期（1926 年 7 月至 9 月）

到了 5 月，情况出现了转变，湖南农会在一个月内发展会员超过 2 万人，接受共产党宣传的达 50 万人。对于此种惊人成绩，湖南省农协提出"全省农民运动，已入于新发展之时期

---

① 中国革命博物馆、湖南省博物馆编：《湖南农民运动资料选编》，人民出版社 1988 年版，第 173 页。

② 中共湖南省委党史研究室：《中国共产党湖南历史·第 1 卷（1921—1949）》上，湖南人民出版社 2008 年版，第 136 页。

矣"①。1926年7月初，北伐军入湘前，湖南全省有组织的农民已经有20万人，长沙、平江、衡阳、常德、醴陵、宜章、郴县、耒阳、湘潭、安化等地都建立了共产党地方执委，加强了党对农民运动的领导。

北伐军进入湖南后，湖南农民运动发展更加迅速。由于北伐军中政治工作人员很多是共产党员、青年团员和国民党进步人士，国民党湖南省党部也是在中共湖南区委帮助下建立与发展起来的，且党部负责人多由共产党员担任，为湖南农民运动的发展提供了较好的政治环境，农民协会得以公开活动，农民纷纷踊跃支援北伐战争。湖南民众发起组织反吴战争人民委员会，"组织队伍分赴前线，实地援助战争"，委员会主任曹日仪带病指挥救护工作死于战地；组织敢死队"分赴岳阳、平江、衡山、宝庆、湘乡敌军区域，专作领导农民参战，破坏交通，扰乱后防等工作"；组织前敌慰劳团、战地工作部，以慰劳兵士鼓舞士气，并开展军中宣传工作等。②

此时，各县的农民协会虽有大发展，但农村中还没有发生大冲突，毛泽东指出："此时期内，农会会员的人数总计不过三四十万，能直接领导的群众也不过百余万，在农村中还没有什么斗争，因此各界对它也没有什么批评。因为农会会员能作向

① 中国革命博物馆、湖南省博物馆编：《湖南农民运动资料选编》，人民出版社1988年版，第122页。

② 中国革命博物馆、湖南省博物馆编：《湖南农民运动资料选编》，人民出版社1988年版，第179页。

导，作侦探，作挑夫，北伐军的军官们还有说几句好话的。"①
比如，北伐军就曾在报告中说，北伐军攻克醴陵，得到农民的
帮助甚大。张发奎本人也曾公开称赞说："我们胜利的主要因素
是民众，湖南的农民运动缩短了我们战争的时间。"②

　　为了保证北伐战争的顺利进行，根据中共中央的指示，中
共湖南区委结合湖南实际，通过国民党省党部和各级群众组织，
大力组织和发动群众支援北伐战争。中共湖南区委派农民运动
特派员深入各地农协，组织农民支援前线，仅长沙县就有1万
余名农民应征支援北伐，醴陵、湘潭、湘乡、宁乡、湘阴各县
都组织了数以千计的农民运输队。"北伐军入湘而后，平江、浏
阳诸役，皆得农民为向导与协助，使我军不至陷于逆敌伏军及
地雷之险。平江之役，农民引导我军，从间道抄平江北门，敌
军几疑我军从天而降，敌将陆沄因势穷自杀，农民因此而牺牲
者亦数十人。凡我军所到，农民必担茶担水，以相慰劳，跋涉
险阻，以为向导。"③"故此次我军长驱而北，不两月已克复武
汉，进兵豫赣，扑灭吴佩孚军阀，得助于农民群众者，实为至
多。"④"吾农民或为侦探，或为向导，或为疑兵，或为输运，

---

　　①《毛泽东选集》第1卷，人民出版社1991年版，第13页。

　　② 中共湖南省委党史研究室：《中国共产党湖南历史·第一卷（1921—
1949）》上，湖南人民出版社2008年版，第140页。

　　③ 人民出版社编：《第一次国内革命战争时期的农民运动》，人民出版社1983
年版，第13页。

　　④ 人民出版社编：《第一次国内革命战争时期的农民运动》，人民出版社1983
年版，第14页。

或直前博战，几于无役不从，无从不捷。予北伐军以精神上之声援，尤为显著。故此次北伐军之胜利，得力于农民之助力，实难枚举。"①北伐军前敌总指挥唐生智也说过，"我们这次革命的成功，完全是工农群众的力量，并不是兵士的力量。我们在北伐的时候，在衡阳，在醴陵，在粤汉路，都得着农工群众的帮助，才得狠[很]顺利的杀却敌人"②。时任北伐军总司令的蒋介石也在演说中赞扬，湖南的"农民协会组织尤为完善，将来革命成功，湖南当推第一"③。

据《向导》刊载的长沙通信总结，湖南农民支援北伐战争的活动集中在五个方面。一是供给，北伐军所经地方，农民均能供给饮料，或少数之食粮，代为煮饭等。二是做向导、侦探，株萍铁路沿线、浏阳、平江、长沙、湘潭、宁乡、衡山、南县、华容等处都有。三是运输，农民除了受军队雇请做运输外，还会有组织地替军队运输供给。四是扰乱敌人后方，湘潭、平江、南县、浏阳、株萍铁路沿线都有。五是直接参加战斗。同样，该通信还分析了湖南农民踊跃支持北伐战争的四个原因。一是共产党人宣传的效果，农民都知道北伐军是拥护工农利益的，要援助北伐军胜利，农民然后才能得到利益。二是对叶开鑫部

---

① 中国革命博物馆、湖南省博物馆编：《湖南农民运动资料选编》，人民出版社 1988 年版，第 206 页。

② 金冲及：《星火的启示：革命根据地创建与发展》，生活·读书·新知三联书店 2020 年版，第 296 页。

③ 中共湖南省委党史研究室：《中国共产党湖南历史·第一卷（1921—1949）》，湖南人民出版社 2008 年版，第 141 页。

队的仇视。三是受农民协会的指挥，当然也有少数是自发的。四是农民愿意参加战争是为了得到枪支，有建立农民武装的要求。此外，金冲及先生认为还有一个重要的原因是，北伐军对军阀部队迅速地取得摧枯拉朽式的胜利，并对农民的活动采取热情、鼓励和支持的态度，也为农民这样做壮了胆，减轻了许多顾虑。①

中共中央事后在报告中总结指出："此次北伐军能迅速的荡平吴军，得力于两湖农民援助之力非常之多，尤其是湖南农会的参战更勇烈。凡战事区域，我们所组织的农会均号召农民起来，实行参加战争，因参战而牺牲的农民虽尚未得确实统计，然大致不在少数。农民既有此伟大功绩，北伐军将领对于民众自由亦不得不相当尊重；所以民众现在在两湖的政治地位完全是凭自身的力量争取得的。"②

北伐军和国民党湖南省党部、湖南省政府公开表示支持农民运动。由于有了公开活动的条件，中共湖南区委继续派出农民运动特派员深入各地农村，大力组织农民协会，相较于秘密活动时期，农会组织的发展更加迅速。省农民运动特派员深入农村后，一般从访贫问苦开始，发现和培养积极分子。同时，利用演戏、讲演等各种形式，召集群众大会，向农民宣传反帝

---

① 金冲及：《从迅猛兴起到跌入低谷——大革命时期湖南农民运动的前前后后》，《近代史研究》2004年第6期，第20—55页。

② 中国革命博物馆、湖南省博物馆编：《湖南农民运动资料选编》，人民出版社1988年版，第406页。

反封建的革命道理，号召农民组织起来。①

在北伐军收复长沙一个多月后，1926 年 8 月 30 日，国民党湖南省党部执行委员会通告各县农民运动特派员，要求遵照 1924 年中国国民党中央执行委员会颁布的农民协会章程组织新农会。9 月 15 日，湖南省建设厅颁布了整顿旧农会的办法，提出：凡依据国民党一大宣言及政纲组织的农民协会，一律保护提倡；旧农会概行取消；没有组织农民协会的各县，由国民党湖南省党部农民部商同省农民协会督同特派员前往组织；各级旧农会应将所有房屋财产，分别移交各级农民协会。②

湖南农民运动的公开活动得到了多方的支持，农会组织得到了更大的发展。在此期间，广州第六届农民运动讲习所毕业生中有 36 人回到湖南，充实了湖南农民运动的领导骨干力量，对农会组织的加速发展起到了重要的作用。公开活动时期，湖南省农民运动特派员到农村就能够以公开身份召集干部、积极分子开会，传达有关组织农会的政策要求，公开挂牌成立县、区农协筹备处，培养革命积极分子。他们还利用演出、演讲等多种形式，组织群众大会，向农民宣传反帝反封建的革命道理，发动农民加入农会并自觉投入革命斗争。8 月，湖南成立农民

① 韶山、衡山、醴陵、长沙工农兵党史学习班湖南省哲学社会科学研究所现代史组编：《第一次国内革命战争时期的湖南农民运动》，湖南人民出版社 1977 年版，第 41 页。

② 湖南省志编纂委员会编：《湖南省志》第 1 卷，湖南人民出版社 1959 年版，第 515 页。

协会组织的有 54 个县，有组织的农民已经在 20 万以上。[①]9 月，湖南全省农会会员已经发展到 40 万人。

三、湖南农民运动的革命时期

10 月起，湖南有 65 个县已经开展农民运动，会员人数约三四十万。湖南农民运动进入一个新的阶段。

11 月 30 日，《向导》周报的长沙通信已经开始注意到当时农民的倾向——"农民已觉得他们参战有功，需要报酬了，就是没有参战的各县，也觉得党人的宣传应该兑现了"[②]。他们在经济上的要求，主要是减租减息、解决荒月粮食问题、减捐税、减押金及不得无故退佃等；在政治上的要求，主要是改造团防局、反抗都团，希望有一个好的政府。农民组织起来后，局势发展速度之快、规模之大，远远超出了预料。

在此期间，湘江学校率先增设农民运动讲习班。此后，中共湖南区委以省农协、国民党省党校等名义也开办了农民运动讲习班，为湖南培养了一大批农民运动干部。他们成为湖南农民运动的组织者和领导者，对湖南省农民运动的发展起到了重要的推动作用。

至 1926 年 11 月，湖南有 29 个县已成立县农民协会，19

---

① 中国革命博物馆、湖南省博物馆编：《湖南农民运动资料选编》，人民出版社 1988 年版，第 195 页。
② 湘农：《湖南的农民》，《向导》第 181 期，1927 年 1 月 7 日。

个县已成立县农民协会筹备处，共计有区农民协会 462 个，乡农民协会 6867 个，会员人数超过 136 万人。[①]会员中雇农、佃农、半自耕农人数占比超过 80%，自耕农占比接近 10%，其他为手工业者、小学教师和小商人。乡一级农协的领导权，绝大部分掌握在贫农手中，乡农协干部中贫农占九成。是年底，湖南省已有 50 余个县组建了农民协会，会员逾 150 万人。[②]至 1927 年 1 月，"农会会员激增到二百万，能直接领导的群众增加到一千万。因为农民入农会大多数每家只写一个人的名字，故会员二百万，群众便有约一千万。……如湘潭、湘乡、浏阳、长沙、醴陵、宁乡、平江、湘阴、衡山、衡阳、耒阳、郴县、安化等县，差不多全体农民都集合在农会的组织中，都立在农会领导之下。农民既已有了广大的组织，便开始行动起来，于是在四个月中造成一个空前的农村大革命"[③]。

在湖南农民运动高潮期间，1926 年 10 月 1 日至 13 日，中共湖南区委第六次代表大会在长沙举行，会议讨论了农民运动、党的发展等问题，但由于受到陈独秀右倾错误思想的影响，会议片面重视民众运动，忽视对工农武装的争取和直接掌管，更忽略了对领导权的争取。11 月上旬，中共中央政治局与共产国

① 中国革命博物馆、湖南省博物馆编：《湖南农民运动资料选编》，人民出版社 1988 年版，第 430 页。

② 罗难：《农民运动与反宣传》，《战士》第 31 期，1927 年 1 月 14 日，第 3 页。

③《毛泽东选集》第 1 卷，人民出版社 1991 年版，第 13—14 页。

际代表举行联席会议推出《中国共产党关于农民政纲草案》，草案提出推翻农村中劣绅的政权，建立农民政权，农民应参加县政府；武装农民，农村中的一切武装势力均受农民政权的指挥；没收大地主、军阀、劣绅等的土地，归给农民等。[①]这次会议，为农民运动的发展指明了继续前进的方向。

四、中国共产党在湖南农民运动发展中的主导作用

从湖南农民运动发展的历程来看，国民党湖南省党部在其中发挥了重要的作用。但为什么我们仍然认为发挥主导作用的是中国共产党呢？这就要从这一时期国民党湖南省党部与中国共产党的特殊关系谈起。

唐生智曾在回忆中提到，"当时，湖南是先有共产党，后有国民党组织。一九二四年春国共合作以前，湖南不但没有国民党的公开组织，暗中活动也很少。国共两党合作以后，在湖南的共产党员参加了国民党组织。夏曦、郭亮等都是国民党湖南省党部的负责人，我和他们会见过"[②]。1926年10月，中共湖南区委第六次代表大会的决议中也指出，湖南先有共产党，

---

① 中共中央党史和文献研究院、中央档案馆编：《中国共产党重要文献汇编》第9卷，人民出版社2022年版，第359页。

② 中国人民政治协商会议湖南省委员会文史资料研究委员会编：《湖南文史资料选辑》（第6辑），内部发行，第102页。

后有国民党，国民党是由共产党做起来的。①前文提及的国民党湖南省第二次全省代表大会上，出席代表及执行委员共 90 人，共产党员 43 人，与共产党关系密切的左派 13 人，中立但受共产党或左派影响的约 23 人。②1927 年 1 月，由国民党湖南省党部派到各县直接从事推动农民运动的工作人员共计 203 人，"其中本校（此处应指党员或由党直接培养的人员——笔者注）182 人"③。由此可见，中国共产党湖南党组织确实在发动农民运动的实际工作中起到了主导作用，但是也存在着两个不容忽视的问题。

首先，共产党员人数太少，无法深入且有力地领导农民运动。据 1926 年 11 月的统计数据，共产党员在农民协会会员中所占的比重，只有湘乡、湘阴、浏阳三县超过 1%，最高的湘乡也仅有 1.39%，长沙只有 0.685%，还有七个县甚至不足 0.01%。即便如此，很多党员还是刚入党不久的新党员。这样的党员比例，是无法实现党对农民运动深入且有力的领导的。

其次，这一时期共产党从事农民工作大多打着国民党的旗号。1924 年中共湖南区委的报告中曾指出："一切社会运动，如劳动运动，农人运动，妇女运动，学生运动，外交运动，平

---

① 中央档案馆、湖南省档案馆编：《湖南革命历史文件汇集（省委文件）》（1923—1926），1983 年，第 88 页。

②《中共湖南区委给中央的报告》，《中央政治通讯》第 7 期，1926 年 10 月 3 日。

③ 中国革命博物馆、湖南省博物馆编：《湖南农民运动资料选编》，人民出版社 1988 年版，第 458 页。

民教育运动等概统一于国民党之下。"①北伐军进入湖南之后，中国共产党推动各项民众运动，更多是用国民党的名义进行。中共湖南区委第六次代表大会的决议中也指出："我们所有的主张都经过国民党，在民众中没有独立的主张，因此民众分不清 C.P.和国民党，我们在民众中还没有能够建立独立的信仰来。"②毛泽东当时也身兼国民党中央农民部农民运动委员会常务委员一职，在考察湖南农民运动后，他给中共中央的报告中也提出，针对农村间的各种冲突，"均必须抬出 K.M.T.的招牌去解决，万不可马上抬出 C.P.的招牌去解决"③。共产党联合国民党共同推动农民运动的发展，结果就导致了尽管农民运动的实际工作主要是由共产党员在做，但是大多数农民未必了解这一实际情况，他们甚至会以为所得到的一切都是国民党给予的。为此，金冲及先生指出，"马日事变"后的思想混乱，同这种现象直接有关。④

即便如此，共产党还是主动加强对农民运动的领导，在各级党委中建立了领导农民运动的专门机构，抽出大批党员干部到农民运动的第一线。1926 年，中国共产党四届中央执行委员

---

① 中共中央党史和文献研究院、中央档案馆编：《中国共产党重要文献汇编》第 4 卷，人民出版社 2022 年版，第 152 页。

②《中国共产党湖南区第六次代表大会关于湖南区 C.P.与 K.M.T.关系的决议案》，《中央政治通讯》第 11 期，1926 年 11 月 14 日。

③ 中共中央党史和文献研究院、中央档案馆编：《中国共产党重要文献汇编》第 10 卷，人民出版社 2022 年版，第 61 页。

④ 金冲及：《从迅猛兴起到跌入低谷——大革命时期湖南农民运动的前前后后》，《近代史研究》2004 年第 6 期，第 20—55 页。

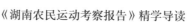
会第三次全体（扩大）会议通过的《农民运动议决案》要求："我们的党，在一切农民运动中，应努力取得指导的地位，应在每个最低级的农会内，均有本党支部的组织，为这个农会行动指导的核心。"①1926 年 11 月，中共中央决定成立由毛泽东任书记的中央农民运动委员会。在毛泽东的主持下，中央农委决定以湖南、湖北、江西、河南四省农民运动为重点，同时在陕、川、桂、闽、皖、苏、浙等七省全面推动农民运动。15 日，中共中央又制定《目前农运计划》，要求各级党组织"应以相当的力量去做"农民运动。共产党通过与国民党合作，推动了农民运动的发展，并且成为农民运动的实际领导者。

---

① 中共中央文献研究室、中央档案馆编：《建党以来重要文献选编（1921—1949）》第 3 册，中央文献出版社 2011 年版，第 305 页。

第五章 湖南农民运动攻击的对象和目标

中共湖南区委发动民众支援北伐战争取得了巨大胜利，因此，湖南省农民运动在多方支持下得到了更大规模的发展。全省几百万农民集合在农会中，掀起了一场农村革命大风暴，攻击矛头清晰明确，毛泽东认为："农民的主要攻击目标是土豪劣绅，不法地主，旁及各种宗法的思想和制度，城里的贪官污吏，乡村的恶劣习惯。这个攻击的形势，简直是急风暴雨，顺之者存，违之者灭。其结果，把几千年封建地主的特权，打得个落花流水。地主的体面威风，扫地以尽。"①

一、打倒土豪劣绅

在农民协会成立之前，湖南各县早就存在着所谓农会的组织。这种旧农会不分地主、农民都可以加入，领导权完全被土豪劣绅把持，成为土豪劣绅剥削、压迫农民的工具。农民运动兴起后，土豪劣绅企图依靠旧农会阻拦农民协会的成立。因此，农村的斗争甚为激烈。

---

①《毛泽东选集》第 1 卷，人民出版社 1991 年版，第 14 页。

1927 年 1 月，湖南省农民协会曾调查各处农村斗争实况，并总结为经济和政治两方面。经济方面的斗争，一是发生在地主与佃户之间的斗争，原因大多是地主不肯减租、反对佃户加入农协等，且通过加租、退佃、拘押等方式压迫佃户；二是有关粮食的斗争，原因大多是地主违禁运米出境、抬高米价等；三是关于苛派杂捐等的斗争，原因大多是官绅、警察、团防、军阀等多方摊派、敲诈、勒索甚至侵吞强占等。政治方面的斗争，一是反对土豪劣绅；二是反对团防、警察及湘西不法驻军；三是反对教堂迷信团体。各方压迫农民的方式多种多样，如捏造谣言，污蔑农民协会甚至全体农民；假借军警团防、贪官污吏、土豪劣绅、流氓地痞或宗族势力，使用拘拿、扣押、杀害等威权手段压迫农民；冒名挑拨引发农协或农民内部矛盾等。①

毛泽东指出，湖南农民运动中，"农民的主要攻击目标是土豪劣绅，不法地主，旁及各种宗法的思想和制度，城里的贪官污吏，乡村的恶劣习惯"②。但因为农民没有实际的斗争经验，在执行的时候超出了原定策略的限度，"攻击的形势，简直是急风暴雨，顺之者存，违之者灭"③。尽管"把几千年封建地主的特权，打得个落花流水。地主的体面威风，扫地以尽"④，

① 中国革命博物馆、湖南省博物馆编：《湖南农民运动资料选编》，人民出版社 1988 年版，第 149—158 页。
②《毛泽东选集》第 1 卷，人民出版社 1991 年版，第 14 页。
③《毛泽东选集》第 1 卷，人民出版社 1991 年版，第 14 页。
④《毛泽东选集》第 1 卷，人民出版社 1991 年版，第 14 页。

却也导致了一些可以合作的——如开明的地主及正绅——已经因为误会不给予农民以同情，因此，国民党湖南省党部农民部提出与中小地主建立联合阵线，使不积极作恶的大地主中立，联络正绅，反对劣绅，打倒贪官污吏和土豪，并提出须与正绅合作办理查仓、阻禁、平价、派粜等事项。①

在农民运动蓬勃发展的过程中，农民与土豪劣绅之间的阶级冲突凸显。他们或说"成立农会是用来抽捐、当兵的"，"农会是共产公妻"，或说农民运动是"惰农运动"，妨碍政府税收。代表地主资产阶级利益的新闻界，对农民运动和农会的攻击之声不绝于耳，污蔑农会由土匪把持。其中固然有在农民运动发展过程中农民与地主阶级过早发生激烈冲突的原因，但与农会本身、国民党右派以及无聊政客也不无关系。当时的农会本身组织松懈，被反动派渗透、侵入，而农民又不明白政治和革命的意义，只贪图眼前小利等，给反动派以口实；而国民党右派仇视农民运动，直接污蔑"农会是土匪"；无聊政客等混进农会、煽动土匪流氓捣乱，致使农民背负骂名。对于各种指责，《战士》周报发表了《反农民运动与反革命》《农民经济斗争与发达工业生产》《农民运动与反宣传》《社会各方面对农民运动的态度及湖南农民的革命功绩》《所谓纠纷问题的意义》等文章，驳斥社会上污蔑农民的不实之词，揭露了农村土豪劣绅枪杀农民、夺

① 中国革命博物馆、湖南省博物馆编：《湖南农民运动资料选编》，人民出版社 1988 年版，第 187—188 页。

取农会控制权，借农会之名行暴行之实后栽赃农民，并指出："除开是反民族运动的人，就不应该怀疑或至于厌恶"农民反土豪劣绅的运动。[1]

二、一切权力归农会

中共湖南区委发动民众支援北伐战争取得巨大胜利，湖南农民运动也因此得到更大规模的发展。在这场农村革命大风暴中，土豪劣绅、贪官污吏等受到了猛烈的攻击。在中共湖南区委的领导下，各地农协建立后，首先就是从政治上把地主特别是土豪劣绅的威风打下去，争取农协的权力。对于土豪劣绅，按照其罪恶大小，分别采取清算、罚款、小质问、大示威、戴高帽子游乡、关进监狱、驱逐、枪毙等斗争形式，对其发动强大的政治攻势。农民运动初起时，都、团无不极力破坏农会，农民运动大发展时，在农会势力极盛的地方，都总、团总不是藏而不出、逃亡他乡，就是受到应有的惩处。农会规定，凡是土豪劣绅和对抗农会的人，一律打入另册。他们的一举一动，都要受到农会会员的严密监视。地主豪绅一听"打入另册"，更是坐卧不安，天天待在深堂，不敢轻易走出大门。小一点的地主，便想方设法地要求加入农会。韶山瓦子坪有个姓蒋的小地

---

① 战士周报社编：《湖南农民运动问题论文集》，战士周报社 1927 年版，第36 页。

主，曾七次申请，请客作保，要求加入农会，并把田契献出来，称家财全部上缴农会，作为入会经费，只求农会开恩，不要将其打入另册。①随着农会的发展，富农和中农也纷纷加入农会。最终，农会成为农村唯一的权力机关，一切事情，农会的人不到场便不能解决，真正做到了"一切权力归农会"。县里的各项行政事务，都由以县长和农会、工会为主体的各种群众团体的联席会议讨论决定，然后再交给县长执行。②

　　从《报告》来看，一切权力归农会，并非出于国共两党的决议和号召，而是农民运动自然形成的结果。在此之前，国共两党有关农民问题的各种决议、宣言和政纲，都没有提出"一切权力归农会"，甚至恰恰相反，还对农会做出了一些限制。湖南省政府关于农民运动的布告中曾提到："农民协会为不受任何拘束、完全独立的团体。"这就规定了农民协会的性质，是群众团体，而不是政权组织，自然不能"一切权力归农会"。但在农民运动蓬勃发展的过程中，农村的地主豪绅被打倒，毛泽东指出，"地主权力既倒，农会便成了唯一的权力机关"，农民协会实际上成了农村的当家人，农村的各项工作都通过农民协会才能贯彻执行，"一切事情，农会的人不到场，便不能解决。"这

---

　　① 韶山、衡山、醴陵、长沙工农兵党史学习班湖南省哲学社会科学研究所现代史组编：《第一次国内革命战争时期的湖南农民运动》，湖南人民出版社 1977年版，第 45 页。

　　② 中共湖南省委党史研究室：《中国共产党湖南历史·第 1 卷(1921—1949)》上，湖南人民出版社 2008 年版，第 175 页。

就实际上造成了"一切权力归农会"的现实，农民协会虽为群众团体，却在实际上取代了农村的政权组织。几个月前，"被一般人看不起的所谓'农民会'，现在却变成顶荣耀的东西"。①柳直荀曾在《湖南农民革命的追述》中指出，当时的"统治权在城市中确已转移到工会，在乡村中确已转移到农民协会。因为工会与农会合作，如是一省中形成两种对峙的统治权，——工农两会的统治权和所谓省政府的统治权。但省政府的统治权仅是达到省政府所辖的各机关，而各机关并没有能力去执行政务，一定要由省政府函请工农两会通告各级工农会才能发生效力"②。这就说明，一切权力归农会在农村的确是如此。

湖南农民组织起来主动争取自身权益，引发了相当深刻的社会变动。毛泽东指出："在农会威力之下，土豪劣绅们头等的跑到上海，二等的跑到汉口，三等的跑到长沙，四等的跑到县城，五等以下土豪劣绅崽子则在乡里向农会投降。"③"好些中小地主、富农乃至中农，从前反对农会的，此刻求入农会不可得。"④李维汉曾回忆："在这场农村革命的大风暴中，不可避免地出现一些'左'的偏差，诸如擅自捕人游乡，随意罚款打人，以至就地处决，驱逐出境，强迫剪发，砸佛像和祖宗牌位……

① 《毛泽东选集》第 1 卷，人民出版社 1991 年版，第 14—15 页。

② 中国社会科学院经济研究所中国现代经济史组编：《第一、二次国内革命战争时期土地斗争史料选编》，人民出版社 1981 年版，第 205 页。

③ 《毛泽东选集》第 1 卷，人民出版社 1991 年版，第 14 页。

④ 《毛泽东选集》第 1 卷，人民出版社 1991 年版，第 14 页。

等等。这些作法容易失去社会同情。""此外，还冲击了少数北伐军官家属，引起同湖南农村有联系的湘籍军官的不满。这些虽是运动的支流，但不利于巩固和扩大农村联合战线，最大限度地孤立打击敌人。"①也就是说，湖南农民运动引发了深刻的社会变动，有利于社会的发展进步，为中国革命作出了重要贡献，这是湖南农民运动的主流，但不可否认其也带来了一些消极影响，不过，这些只是支流，我们更应该看到主流，而不是因支流就否认主流。

① 李维汉：《回忆与研究》上，中共党史资料出版社 1986 年版，第 97 页。

第六章　对湖南农民运动错误思想的驳斥

一、各方对湖南农民运动的不同态度

当农民与土豪劣绅等压迫阶级发生的冲突日益激烈时，社会各阶级对湖南农民运动的态度大致有三种。

第一种态度是反对。反对的人主要由贪官污吏、土豪劣绅、反动分子构成，他们对农民运动从根本上就不赞成。但是在国民革命期间，国民政府对农民运动大力支持，因此，反对派在表面上也不好大张旗鼓地反对，甚至要在表面上与国民政府态度保持一致，同民众们一起高喊铲除贪官污吏、土豪劣绅的口号，但是在暗地里"无时无刻不在那里找寻反对农民运动的理论，图谋向农协进攻，诅咒其失败。"当农民在农村中与贪官污吏、土豪劣绅、地主发生冲突后，反对派发现这些冲突纠纷就是他们拿来攻击农民运动的最好的武器。因此，反对派提出，"农民运动发展跟着就在乡村中产生了纠纷问题，农村中的纠纷，一方面足以破坏社会秩序；一方面足以扰乱北伐后防；另一方面足以妨碍政府的税收；再一方面提倡惰农主义，阻碍农业生产的发展，因此农民运动应该加以取缔，至少也要加以限制。"

第二种态度是怀疑。怀疑的人起初对于农民运动采取观望或者中立的态度。农民运动发展得越快，农民的势力越大，基础越稳固，他们的态度就可以保持得越久。如果农民运动发展不顺利，农民势单力薄，他们就会与反动派联合起来攻击农民。但"因为有了反动派的理论，而他们对于农民运动观望中立的态度就变更了。他们对于农民运动已经发生了厌恶的心理，也觉得农民运动有取缔的必要，或者提出整顿农民运动的口号。"

　　第三种态度是赞同。赞同的人大多属于国民党左派党员，他们拥护孙中山先生的农工政策，能认识到国民党的群众基础是中国农民群众。同时在北伐战争中，他们也认识到了农民的力量，因此，当反动派拿纠纷问题来攻击农民运动时，他们便毅然出来说公道话。①《湖南民报》曾刊文指出："农民已经取得自由，若要不发生纠纷，除非剥夺其自由，任他永远压在地狱。""土豪劣绅屠杀农民，一次至十数十百人，他们熟视无睹，一闻农民逮捕个把绅士，拿起短棍梭镖游行，就伸着舌头，'危险咧'。农民反抗事件与所受压迫事件，虽不过几分之几，而已震惊殊俗了。"国民党重要人士也纷纷表达自己对农民运动的看法。例如，唐生智认为，"目前的阶级争斗，与其说是劳资冲突，无宁说是压迫者与被压迫者的冲突。几千年的历史，农民都伏在统治者之下，忍气吞声。现在革命的呼声，将他们唤起了。

---

　　① 战士周报社编：《湖南农民运动问题论文集》，战士周报社 1927 年版，第 42—44 页。

他们从被统治的地位，渐渐要爬起来了。以历史上的因果及物理上的通性，冲突自然是有的。在这个情状之下，各界应该平心静气的承认封建的遗迹快要消失了，民主制度的社会必须建立了。"孙科也指出："现在一般的民众，以至党内的同志，却都有不少是怀疑农民运动的人。他们撷拾一两件农民运动初期的病态的幼稚举动，便想[把]本党的农民运动根本抹煞。""如果那个人是根本不赞成革命，那我们便不必和他再讲了。但设使他也是赞成革命的，那便一定要明白，革命以[之]所以发生，并不是因濰[为]任何个人的意思，乃是因为当时的民生实在受着重大的压迫。中国现在的农民，一方面既受土豪劣绅残酷的剥削，一方面又受军阀和帝国主义双重的压迫。他们终岁勤苦，不特不能得着丰衣足食，简直是要过一种非人的劣陋的生活。他们一遇饥荒还常常要卖儿鬻女，所谓新文化、新教育，他们都完全没有享受的机会。爽快说句，中国的农民实在都有革命的要求，这是我们万万不能抹煞的事实。那末我们在今日唤起农民去参加革命，还有什么可疑惑之点呢？"[1]

二、各方对农民运动的批评

在农民运动过程中，湖南不可避免地出现了一些"左"的

---

[1] 金冲及：《星火的启示：革命根据地创建与发展》，生活·读书·新知三联书店 2020 年版，第 299—300 页。

偏向，"其中当然不免有幼稚的行为（华容民众打死土豪，资兴县党部驱逐知事，茶陵拘警所所长游街等）"，擅自捕人游乡，随意罚款打人，以至就地枪决，驱逐出境，强迫剪发，砸烂佛像和祖宗牌位等现象时常发生。这些做法确实容易失去群众的同情。谷米平粜阻禁、禁止榨糖酿酒、禁止坐轿、禁止穿长衫等，容易使商人、中农和小手工业者产生反感，一般农民对此也感到生活不方便；地主借口谷米阻禁，无法出卖拒交田赋，致使军米收购困难，省政府也不满阻禁办法；少数北伐军官家属也受到冲击，引起了与全省农民有联系的湘籍军官的不满。

随着各地农民运动轰轰烈烈开展，各方对农民运动的批评与质疑也不断涌现。"政府之张翼鹏等对农运已发生怀疑，各地土豪劣绅群起向农协进攻。"①中共湖南区委察觉到这些问题后，两次向中共中央报告，在指出土豪劣绅攻击农民运动的同时，也指出这些偏差有使贫农陷入孤立的危险。针对农民运动中的问题和土豪劣绅的反扑，中共湖南区委决定：促使国民党左派加入农运，在农运中与左派合作，通过国民党省党部督促省政府镇压破坏农运的反动势力；将农运实情公诸社会，澄清土豪劣绅的造谣中伤，对国民党内不太反动的右派作必要的让步，以减少农村革命的阻力，使团防局不作恶者保持中立，选择作恶者进攻；在农民中发展党的组织，加强对农运的领导，

---

① 中国革命博物馆、湖南省博物馆编：《湖南农民运动资料选编》，人民出版社 1988 年版，第 94 页。

矫正"左"倾幼稚病。

尽管如此，地主豪绅、国民党右派等还是对农民运动的蓬勃发展而感到不安。他们有人指责农民运动是"痞子运动""惰农运动"，认为农民开展减租减息阻碍了农业生产的发展，称领导农会的贫农、雇农是"痞子"，因此，农民运动就是"痞子运动"，不仅妨碍税收还影响北伐战争。有人还在军中散布谣言，称某某军官"家中被抄，父亲被杀"，"士兵寄回家的饷银被农会没收"等。① 蒋介石等国民党右派用"流氓地痞运动"来形容农民运动，认为农民运动"过火"，是"矫枉过正"，并称"农民简直是赤化"了。

同时，共产党内部也产生了对农民运动的争论。1926 年 12 月，中共中央汉口特别会议上，陈独秀提出既要反对党内"左"倾，又要防止党外的右倾。陈独秀批评了农民运动要求解决"土地问题"的"左"的倾向，认为大多数农民所争取的减租减息、组织自由、武装自由、反抗土豪劣绅、反抗苛捐杂税等并不是根本的土地问题，"减租减息等目前的争斗，在农民群众中，比解决土地问题更是迫切的要求"②。"解决农民的土地问题，目前还只能是宣传，不能实行"。根据陈独秀报告，会议做出的决议案也提出："各种危险倾向中最主要的严重的倾向是

---

① 何东等：《中国新民主主义革命时期的农民运动土地问题》，中国人民大学出版社 1983 年版，第 114 页。

② 中央档案馆编：《中共中央文件选集》第 2 册，中共中央党校出版社 1989 年版，第 564 页。

一方面民众运动勃起之日渐向'左'，一方面军事政权对于民众运动之勃起而恐怖而日渐向右。这种'左'右倾倒继续发展下去而距离日远，会至破裂联合战线，而危及整个的国民革命运动。"①

中共中央十二月会议对湖南区委产生了消极影响。由于陈独秀在会上斥责湖南工农运动"过火""幼稚""动摇北伐军心""妨碍统一战线"等，并得到共产国际代表鲍罗廷等人的支持，因而，中共湖南区委认为农村中出现的一些问题，从农协角度来讲，主要是成分不纯、混进不良分子引起的，因此主张各地农协在必要时，可"举行洗会运动，以淘汰不良分子"。②

湖南省第一次农民代表大会期间，省农协根据中共湖南区委意见发出《重要布告》，说地痞流氓有纷纷混入下级农会的趋势，并夸大这种现象所造成的危害，规定：乡农协执行委员须绝对是耕田农民、专营手工业者，或体力劳动者亦可，其他的分子，尤其是"地痞、流氓"应严加淘汰；区农协的执行委员，五分之三须属真实农民，五分之二则属于有职业的知识分子，或是在行动上表现为为农民谋利益的人，带有"地痞"性质的人不能当选为执委。③中共湖南区委也发出《关于阻禁平粜问

① 中共中央文献研究室、中央档案馆编：《建党以来重要文献选编（1921—1949）》第 3 册，中央文献出版社 2011 年版，第 501 页。

② 中国革命博物馆、湖南省博物馆编：《湖南农民运动资料选编》，人民出版社 1988 年版，第 450 页。

③ 中国革命博物馆、湖南省博物馆编：《湖南农民运动资料选编》，人民出版社 1988 年版，第 462 页。

题的通告》，片面列举阻禁平粜的危险。有的"通知"和"布告"还将农民一些必要的革命行动视为过"左"，加以种种限制。中共中央这种纠"左"的方针传到湖南乡下后，有些地方开始搞起了所谓"洗会运动"，把一些革命的贫苦农民当作"痞子"，从农会中"洗"出去，甚至徇地主之情，借政府之力，派兵逮捕、关押下级农会的委员和委员长，如衡山、湘乡等县，很多乡的农民协会的委员和委员长就被关进监狱。这更加助长了土豪劣绅的反动气焰，打击了农民群众的革命积极性，造成了党内思想混乱。

三、《报告》对错误思想的驳斥

湖南农民运动的发展，引发了农村社会的大变革，触及了封建地主豪绅的利益，遭到国民党右派和封建地主的诋毁与破坏，他们称农民运动为"痞子运动"，认为"糟得很"。此时，中共中央内部对农民运动的认识也存在分歧。以陈独秀为主的右倾机会主义者迁就国民党反动势力，以维护国共合作为由，对农民运动加以责难。

1926 年底，毛泽东参与起草湖南全省农民第一次代表大会的各项决议案，肯定了湖南农民以暴力打击土豪劣绅的行动，认为这是"革命斗争中所必采取的手段"。随后毛泽东在考察农民运动过程中，明显感觉到中共湖南区委领导农民运动是很积极的，但在某些问题上认识欠妥，对农民运动曾采取过某些错误处置。针对中共湖南区委的错误认识和错误处置，他及时地提出了批评。在考察途中，毛泽东发现"衡山、湘乡二县的监狱里，关了好多个乡农民协会委员长、委员"。他认为"这个错误非常之大，助长了反动派的气焰"，指出"决不能跟着土豪劣绅的口白，笼统地骂'痞子'。要解决这'少数不良分子'的问题，也只能在农会整顿纪律的口号之下，对群众做宣传，对他们本人进行训练，把农会的纪律整好，决不能随便派兵捉人，损害贫农阶级的威信，助长土豪劣绅的气势"。①《战士》周报发文指出，要认清"所谓纠纷问题即是农村中的革命运动"②。

1927 年 2 月 16 日，毛泽东在湖南考察农民运动一个多月之后，写报告给陈独秀，主张中央"在农民运动中采取新路线"，指出"从前我们对农运政策上处置上几个颇大的错误点"。紧接着，毛泽东写出《湖南农民运动考察报告》的主体部分，即第一章和第二章的前两节，以明确而尖锐的观点，称赞农民运动"好得很"，不是"糟得很"；贫农是"革命先锋"，不是"痞子"，并论述了农民运动在完成这场伟大革命中的重要地位，指出"矫枉必须过正"，推翻封建地主阶级几千年积累的权力，农民的行动"过分一点也是对的"。

最终，在《湖南农民运动考察报告》中，毛泽东用"糟得

---

① 《毛泽东选集》第 1 卷，人民出版社 1991 年版，第 21—22 页。
② 高熙：《中国农民运动纪事（1921—1927）》，求实出版社 1988 年版，第 200 页。

很"和"好得很"、"所谓'过分'的问题"和"所谓'痞子运动'"三个章节的内容,对湖南农民运动的错误思想进行了驳斥。

(一)"糟得很"和"好得很"

在与土豪劣绅、不法地主等反动派斗争过程中,农民因为没有实际的经验,在执行的时候超出了原定策略的限度,以至于"从中层以上社会至国民党右派,无不一言以蔽之曰:'糟得很。'即使是很革命的人吧,受了那班'糟得很'派的满城风雨的议论的压迫,他闭眼一想乡村的情况,也就气馁起来,没有法子否认这'糟'字。很进步的人也只是说:'这是革命过程中应有的事,虽则是糟。'总而言之,无论什么人都无法完全否认这'糟'字。"①

在各方对农民运动的种种责难中,"糟得很"是一种基于地主阶级和反动派立场给出的总体性的责难。这种责难,并没有考虑到农民运动在当时的积极意义,相反,"明明是站在地主利益方面打击农民起来的理论,明明是地主阶级企图保存封建旧秩序,阻碍建设民主新秩序的理论,明明是反革命的理论。"②如果站在农民阶级的立场上,结论自然完全不同。湖南的农民运动,"乃是广大的农民群众起来完成他们的历史使命,乃是乡村

---

① 中共中央党史和文献研究院、中央档案馆编:《中国共产党重要文献汇编》第10卷,人民出版社2022年版,第285页。
②《毛泽东选集》第1卷,人民出版社1991年版,第16页。

的民主势力起来打翻乡村的封建势力。"广大农民终于开始觉醒，终于认识到要改变自己的命运，他们必须组织起来，以形成强大的革命力量打倒农村的封建势力。

毛泽东在《报告》中指出，"国民革命需要一个大的农村变动"。孙中山领导的辛亥革命是因为没有通过唤醒农民推翻农村封建残余势力，所以国民革命没有彻底完成。现在农村有了这个变动——即农民运动发展使得农村发生了根本性的改变，农村出现了前所未有的新气象，国民革命的真正目标——推翻"宗法封建性的土豪劣绅，不法地主阶级"等封建势力，也有了实现的可能。"孙中山先生致力国民革命凡四十年，所要做而没有做到的事，农民在几个月内做到了。这是四十年乃至几千年未曾成就过的奇勋"，故而是"好得很"。"好得很"，既是毛泽东站在农民的立场上基于农民运动发展现实得出的结论，也是毛泽东在调查研究基础上依据历史发展趋势做出的判断。正因如此，"一切革命同志都要拥护这个变动，否则他就站到反革命立场上去了"①。总之，"糟得很"还是"好得很"，对农民运动的这一判断，体现了不同的阶级立场和革命立场，毛泽东从中国革命实际出发，认为农民运动"好得很"，既为当时的农民运动指明了正确方向，也是对中国革命重视和依靠农民这一阶级力量所做的重要理论探索，具有重大的历史意义和价值。

---

① 《毛泽东选集》第 1 卷，人民出版社 1991 年版，第 15—16 页。

（二）所谓"过分"的问题

农民运动是否"过分"这个问题，同样是一个立场问题。如果站在地主阶级和反动派的立场上，"农会权力无上，不许地主说话，把地主的威风扫光"，"向土豪劣绅罚款捐款，打轿子。反对农会的土豪劣绅的家里，一群人涌进去，杀猪出谷"，这确实"颇有一点子'乱来'"，因为农民切切实实地损害了地主阶级和反动派的利益，让他们遭受了很大的损失。但如果站在农民的立场上，结论就截然不同。农民运动所做的一切，并非农民的胡作非为，"都是土豪劣绅、不法地主自己逼出来的。土豪劣绅、不法地主，历来凭借势力称霸，践踏农民，农民才有这种很大的反抗。凡是反抗最力、乱子闹得最大的地方，都是土豪劣绅、不法地主为恶最甚的地方。""农民的眼睛，全然没有错的。谁个劣，谁个不劣，谁个最甚，谁个稍次，谁个惩办要严，谁个处罚从轻，农民都有极明白的计算，罚不当罪的极少。"由此看来，农民运动的行为都是合情合理的，并不存在过分的问题。

此外，毛泽东还从阶级斗争的角度进行了分析，认为"革命不是请客吃饭，不是做文章，不是绘画绣花，不能那样雅致，那样从容不迫，文质彬彬，那样温良恭俭让。革命是暴动，是一个阶级推翻一个阶级的暴烈的行动"①。这表明毛泽东对暴

---

① 《毛泽东选集》第 1 卷，人民出版社 1991 年版，第 16—17 页。

力革命的态度发生了重要变化。1919 年 7 月，毛泽东在《湘江评论》的《创刊宣言》中虽提出"打倒强权"的理论，却采取颇为温情的做法，他说："用强权打倒强权，结果仍然得到强权。不但自相矛盾，并且毫无效力……所以我们的见解，在学术方面，主张澈〔彻〕底研究。不受一切传说和迷信的束缚，要寻着什么是真理。在对人的方面，主张群众联合，向强权者为持续的'忠告运动'。实行'呼声革命'——面包的呼声，自由的呼声，平等的呼声——'无血革命'。不至张起大扰乱，行那没效果的'炸弹革命''有血革命'"①。经历了工人运动、农民运动多年发展的实践，此时他已经认识到"革命是暴动，是一个阶级推翻一个阶级的暴烈的行动。"也就是说，他已经主张和支持中国革命是暴力革命。

　　所谓的"过分"举动，"都是农民在乡村中由大的革命热潮鼓动出来的力量所造成的"，在农民运动的革命时期"都有革命的意义"。毛泽东提出："必须建立农民的绝对权力。必须不准人恶意地批评农会。必须把一切绅权都打倒，把绅士打在地下，甚至用脚踏上。"他在结尾点明，议论农民运动"过分"与认为农民运动"糟得很"，表面上虽有不同，本质却是一样的，"依然是拥护特权阶级利益的地主理论"。"这种理论，阻碍农民运动的兴起，其结果破坏了革命，我们不能不坚决地反对。"

---

　　① 中共中央文献研究室、中共湖南省委《毛泽东早期文稿》编辑组编：《毛泽东早期文稿（1912.6—1920.11）》，湖南出版社 1990 年版，第 293—294 页。

（三）所谓"痞子运动"

毛泽东在调查中发现，关于农民运动是"痞子运动""惰农运动"的议论在长沙比较盛行。这种议论的潜台词是农民运动是好的，但是当前农民运动的人，尤其是下级农民协会的办事人不行。因为这些办事人都是"从前为绅士们看不起的人"，"被绅士们打在泥沟里，在社会上没有了立足地位，没有了发言权的人"。他们会"用绳子捆绑了劣绅，给他戴上高帽子，牵着游乡"，也会"发号施令，指挥一切"，还会时常斥责士绅们，因此尤为士绅们所痛恨。①

曾有当事人回忆，给劣绅们戴高帽的主要目的是令土豪劣绅颜面扫地，一扫农民对地主的畏惧感。"为什么想出给戴高帽子这样一个主意呢？人们平日对这些豪绅，有怕他的，有向他求情的，有专门巴结他们的，都是一片恭维，这就叫做给他戴高帽子。但那是无形的'高帽子'，现在将一顶纸扎的，有一二尺高的尖顶的实实在在的帽子，给他戴在头上，帽子上面还大书××土豪或××劣绅，被民众按着头，游街示众，这是对他最大的嘲讽，也是土劣们最怕的丢人现眼的事，因为这样一来，他们平日的威风就扫地以尽了。"②

畏惧逃散的地主也会大肆编造宣扬关于农协的负面消息，

---

① 《毛泽东选集》第 1 卷，人民出版社 1991 年版，第 18 页。
② 中国人民政治协商会议湖南省醴陵市委员会文史资料研究委员会编：《醴陵文史》第 2 辑，内部发行，1985 年版，第 143 页。

尽管农民所提出的减租减息要求，不过是在减租则为恢复民国五年（1916 年）之租额，再减息亦不过是反对过高的利息，如大 2 分、4 分、5 分，九扣十三归等，不过是最低限度的要求。然而，他们连农民这种最低限度的要求都认为不对，并且说农民的减租减息等要求，是农民惰性的表现，农民组织农会而不知改良农业、增加农业生产，是惰农主义。这些负面消息在一定程度上影响了国共两党关于农民运动的看法。"民校党部在乡村中，赞助农运者约有半数以上，反对农运者，亦将近半数"，"国民党省党部中，亦更右倾而反农运，称目前农运为'惰农运动'之空气仍浓。"①中共湖南区委也曾一度认为："现在湖南的农民运动变成了一个贫农运动。这个运动如果不急谋救济的办法，在农村中要变成'广东的 3 月 20 日'，在农民中要造成巨大的反 C.P.的空气，使农民运动发生绝大的危险。"②

四、党内意见持续分歧

在《湖南农民运动考察报告》刊发后，关于农民运动是否过分的问题，在相当长的一段时间里，党内的意见仍有分歧。

1927 年 1 月 5 日，湖北省党部第四次代表大会上，苏联代

---

① 中国革命博物馆、湖南省博物馆编：《湖南农民运动资料选编》，人民出版社 1988 年版，第 459 页。

② 中国革命博物馆、湖南省博物馆编：《湖南农民运动资料选编》，人民出版社 1988 年版，第 609 页。

表鲍罗廷说湖南农民革命还不够激烈。4 月，中共五大又提出要纠正农民运动的"过火"行为，赞同陈独秀不进行激进的土地革命的观点。共产国际代表罗易则认为农民运动并没有过火，他在中共五大上提出进行彻底的土地革命的主张，"我们的土地纲领的基本要求是没收部分土地——没收大地主的土地。这个建议不是由我们首次提出的，事实上农民已在这样做了。国民革命已经发展为土地革命。在共产党面前有两条道路：或者支持农民的土地要求，或者为了同小资产阶级保持良好关系而延迟土地革命的发展。我不相信我们党内有谁在作这样的抉择时会犹豫不决。每个党员根据已经发生的情况，都会认为共产党必须支持农民的斗争。无产阶级不能为了换取同小资产阶级联合而背叛农民"①。

中共湖南区委则赞同和接受了毛泽东考察报告的基本精神，发出了关于如何实现乡村自治政权的通告和对全省农民运动的宣言，国民党湖南省党部、省农民协会也先后发出训令贯彻毛泽东的指示，纠正农民运动中的错误。中共湖南区委在给中共中央的报告中作了自我批评，说："我们在此社会群向农运进攻之包围中，我们亦自认现在农运的确是太左稚，于是通告禁止农协罚款捕人等事，而且限制区乡农协执行委员，皆须现在耕种之农民担任，对于罚款、逮捕之人，皆须扫除。几乎不

---

① 中共中央党史研究室、中央档案馆编：《中国共产党第五次全国代表大会档案文献选编》，中共党史出版社 2014 年版，第 60 页。

自觉的站到富农、地主方面而限制贫农。自润之同志自乡间视察归来，我们才感贫农猛烈的打击土豪劣绅，实有必要，非如此不足以推翻现在乡村之封建政治。"①关于阻絮问题，中共湖南区委也作了纠正。3 月间，省农协委员长易礼容与常委凌炳、谢觉哉、隋冰、柳直荀联合署名发出《省字第六四二号训令》，批判了地主阶级污蔑农民运动是"惰农运动""流氓地痞"等谬论，指出没有农民的革命行动，就不能推翻乡村的封建势力，乡村的民主政治就没有办法实现。训令肯定了失业农民是农民运动中最勇敢的先锋队，要求不得以"洗会运动"的方式打击失业农民；在区、乡农民协会中，失业农民可以当选为执委；不能压抑农民对封建阶级的革命行动，如果土豪劣绅向农民进攻，必须坚决给予回击；对失业农民在农民运动中过左行动，要用整顿农会纪律和加强训练的办法去解决。中共湖南区委及时纠正打击贫农的某些错误，推动了农民积极参加农会组织和革命斗争。1927 年 3 月底，湖南农民协会会员由 1 月的 200 万人，发展到 518 万人。②这样，湖南农民运动进入一个新的阶段。

　　1927 年 5 月 17 日，夏斗寅叛变后，罗易代表中共中央起草的告民众书中指出，"中国共产党反对在乡村没收小地主及

---

① 中国革命博物馆、湖南省博物馆编：《湖南农民运动资料选编》，人民出版社 1988 年版，第 456 页。

② 中共中央党史资料征集委员会征集研究室编：《中共党史资料专题研究集——党的创立和第一次国内革命战争时期》，中共党史资料出版社 1989 年版，第 178 页。

革命军官和士兵的土地","农民幼稚的行为,决非共产党的行动"。①"马日事变"后,湖南省农协组织长沙附近各县农民自卫军,会同安源工人武装围攻长沙叛乱部队。汪精卫指责事件由农民运动"过火"引起。陈独秀为此召集中央政治局会议紧急磋商。由于鲍罗廷与罗易的观点冲突,最终中共中央作出《对于湖南工农运动的态度》的决议,既批评国民党领袖工农政策的动摇,也批评农民运动中"贫农幼稚行为",认为均分土地、均分财产、对于土豪劣绅之逮捕罚款以及关于宗教道德革命等,引起了小资产阶级、小地主,尤其是军人的强烈反对。决议指出:"乡村中农运问题,一切非本党政策所规定的幼稚行为,立须依本党的领导力量,切实矫正。""关于土地问题,我们固然不能根本放弃第五次大会所决定政纲;但我们须知道中国土地问题尚须经过相当宣传时期,并且必须先行解决土地问题之先决问题——乡村政权问题。"②这样,湖南的农民运动被认定为"过火"而遭到打击。也就是说,毛泽东对湖南农民运动"过火"的批判,尚未真正成为全党的共识。

---

① 中共中央党史和文献研究院、中央档案馆编:《中国共产党重要文献汇编》第 10 卷,人民出版社 2022 年版,第 457—458 页。

② 中共中央党史和文献研究院、中央档案馆编:《中国共产党重要文献汇编》第 10 卷,人民出版社 2022 年版,第 477 页。

第七章　国民革命中农民的不同面相

一、毛泽东对农民阶级的认识

要全面理解《湖南农民运动考察报告》中毛泽东对农民各阶层革命态度的描述，就不得不提到他在此之前写作的另一篇重要著作——《中国社会各阶级的分析》。

《中国社会各阶级的分析》发表于 1925 年 12 月 1 日的《革命》半月刊。毛泽东在开篇即提出"谁是我们的敌人？谁是我们的朋友？这个问题是革命的首要问题。"值得注意的是，毛泽东在该文中对阶级的分类，并不是从生产关系的角度出发的，重点也不是关注各阶级在社会经济生活中的地位和作用，而是从经济地位角度出发，运用马克思主义的阶级分析方法，关注各阶级在革命运动中的力量、动向及可能起的作用。虽然经济地位不能像生产关系中的特有地位那样，能够决定人们的阶级特性，形成其特有的阶级意识，但却可以直接决定人们对于现状是否满意，从而决定人们对变革现状的革命运动持什么样的态度。正如毛泽东所言，"世界上最愿意改变自己地位的是无产阶级，其次是半无产阶级，因为一则全无所有，一则有也不多"①。"全无所有"，就不怕在革命中失去什么，兴许还能得到点什么；"有也不多"，也许革命起来得到的可能比失去的多。毛泽东对中国社会各阶级的考察，就是从革命的需要出发，考察各阶级对革命的态度，以区分敌友，寻找革命同盟力量。

在《中国社会各阶级的分析》一文中，毛泽东将农民中的自耕农与手工业主、小知识阶级一起归入小资产阶级。自耕农有一亿至一亿两千万人，占小资产阶级总人数的七八成。他们又可分为三部分。第一部分是有余钱剩米的，"这种人胆子小，他们怕官，也有点怕革命"，对革命持怀疑态度。第二部分是收支相抵的，他们遭受着帝国主义军阀大中资产阶级的压迫和剥削，他们对现状有意见，不反对革命但又不肯贸然参加革命，对革命持中立态度。第三部分是由家境殷实变为入不敷出的，因为物质条件的前后变化使得他们"在精神上感觉的痛苦很大"，所以有推进革命的力量，算是小资产阶级的左翼。这三部分人"对于革命的态度，在平时各不相同；但到战时，即到革命潮流高涨、可以看得见胜利的曙光时，不但小资产阶级的左派参加革命，中派亦可参加革命，即右派分子受了无产阶级和小资产阶级左派的革命大潮所裹挟，也只得附和着革命"。农民中的半自耕农则与贫农与手工业工人、店员、小贩一起组成半无产阶级。半自耕农和贫农总计大约有一亿七千万人，"绝大部分半自耕农和贫农是农村中一个数量极大的群众。所谓农民问

---

① 《毛泽东文集》第 7 卷，人民出版社 1999 年版，第 239 页。

题，主要就是他们的问题。"半无产阶级中，"绝大部分半自耕农和贫农虽同属半无产阶级，但其经济状况仍有上、中、下三个细别。"《中国社会各阶级的分析》一文还用农村无产阶级统称长工、月工、零工等雇农，他们无土地、无农具，又无丝毫资金，"在农民运动中和贫农处于同一紧要的地位"。此外，还有部分失了土地的农民与失了工作机会的手工业工人，一并归为游民无产者。毛泽东认为，"这一批人很能勇敢奋斗……如引导得法，可以变成一种革命力量。"

毛泽东从革命需要出发对社会各阶级的考察，注意到了各阶级内部不同阶层对待革命态度的差异，及其根据革命发展过程可能发生的态度变化，提出："一切勾结帝国主义的军阀、官僚、买办阶级、大地主阶级以及附属于他们的一部分反动知识界，是我们的敌人。工业无产阶级是我们革命的领导力量。一切半无产阶级、小资产阶级，是我们最接近的朋友。那动摇不定的中产阶级，其右翼可能是我们的敌人，其左翼可能是我们的朋友——但我们要时常提防他们，不要让他们扰乱了我们的阵线。"①没有绝对的敌人，也没有绝对的朋友，团结一切可以团结的力量，一个一个地消灭敌人。

1926 年 1 月，毛泽东又写作《中国农民中各阶级的分析及其对于革命的态度》，将《中国社会各阶级的分析》一文中涉及农民的内容展开详细的分析。他又将农民阶级分为 8 个阶级，

---

① 《毛泽东选集》第 1 卷，人民出版社 1991 年版，第 6、8—9 页。

实际上是 8 个阶层：大地主、小地主、自耕农、半自耕农、半益农①、贫农、雇农及乡村手工业者和游民。"八个阶级，其经济地位各不同，其生活状况各不同，因而影响于其心理即其对于革命的观念也各不同。"从团结革命力量的角度，"我们组织农民，乃系组织自耕农、半自耕农、半益农、贫农、雇农及手工业工人五种农民于一个组织之下。对于地主阶级在原则上用争斗的方法，请他们在经济上政治上让步，在特别情形上，即是遇了如海丰广宁等处最反动最凶恶极端鱼肉人民的土豪劣绅时，则须完全打倒他。对于游民无产阶级则劝他们帮忙农民协会一边，加入革命的大运动，以求失业问题的解决，切不可逼其跑入敌人那一边，做了反革命派的力量"②。

二、农民阶级中各阶层对革命的态度

农民运动蓬勃兴起，要求无产阶级及其政党尽快解决在农民中"依靠谁、团结谁、打击谁"的阶级路线问题。毛泽东在《报告》中，发展了其在《中国社会各阶级的分析》中的思想认识，进一步对农民阶级中的不同阶层进行了科学分析，"农民中

---

① "半益农"的提法在最初版本的《中国社会各阶级的分析》中也曾出现，属于半无产阶级的一部分。但《中国社会各阶级的分析》一文收入《毛泽东选集》时进行了修改，删除了"半益农"一词。

② 中共中央党史和文献研究院、中央档案馆编：《中国共产党重要文献汇编》第 7 卷，人民出版社 2022 年版，第 1、6—7 页。

有富农、中农、贫农三种"，所处状况不同，对于革命的观感也各有不同，这就为党确定在农民中"依靠谁、团结谁、打击谁"的阶级路线问题奠定了理论基础。1939 年，毛泽东在《中国革命与中国共产党》一文中分析中国革命的动力时更加明确指出："所有这些阶级，它们对于中国革命的态度和立场如何，全依它们在社会经济中所占的地位来决定。"①事实上，这正是长久以来毛泽东分析各阶级革命态度的基本立足点。

（一）富农的态度消极

相较而言，《报告》中所指的"富农"，大致对应前述有关中国社会阶级分析两文中有余钱剩米的"自耕农"。《报告》对富农态度转变的描写，恰与阶级分析两文中有余钱剩米的自耕农态度转变一致。北伐战争尚未胜利时，富农们会认为"农民协会必定立不久，三民主义也兴不起"，态度好点的认为农民协会不办为好，态度差的直接说农民协会是砍脑壳会，会害人。待农协设立日久，且成功开展了轰轰烈烈的打击土豪劣绅活动后，尤其是北伐胜利以后，富农们开始惶惶不安。此时，农会办事人威胁要把他们打入另册，他们才交钱或托人说情加入农会。但入会后，他们也不会热心替农会做事，毛泽东认为，"他们的态度始终是消极的"②。

①《毛泽东选集》第 2 卷，人民出版社 1991 年版，第 638 页。
②《毛泽东选集》第 1 卷，人民出版社 1991 年版，第 19—20 页。

需要指出的是，无论是从当时农村调查的时间还是具体环境来看，都不具备详细界定农村社会阶级成分的外在条件。尽管毛泽东在《报告》中使用了"富农"这一概念，但当时"富农"概念的使用尚未定型。直到 1930 年 6 月，前委闽西特委联席会议通过的《富农问题》决议案，富农才被界定为"半地主性的富农"、"资本主义性的富农"和"初期的富农"三种类型，并分析了富农阶层对革命的具体态度。到了 1933 年"查田运动"开展前后，毛泽东进一步在《怎样分析农村阶级》一文中对"富农"做出了前述的细致规定，并在"查田运动"中付诸实践。①

（二）中农的态度游移

此处所指的"中农"，大致对应前述有关中国社会阶级分析两文中收支相抵的"自耕农"。中农的态度游移，正是阶级分析一文中不反对革命但又不肯贸然参加革命的态度的直接表现。初期，他们认为"革命对他们没有什么大的好处"，认为农民协会发展不起来，即使农会主动邀请他们入会，他们也不积极。但是当农会蓬勃发展后，他们就会加入农会，"他们在农会的表现比富农好，但暂时还不甚积极，他们还要看一看"。②

---

① 孟庆延：《政党、政治与政策：论共产党早期革命中"富农问题"的多重逻辑》，《社会》2018 年第 5 期，第 70—105 页。

② 中共中央党史和文献研究院、中央档案馆编：《中国共产党重要文献汇编》第 10 卷，人民出版社 2022 年版，第 290 页。

有鉴于中农的这种游移态度，毛泽东指出："农会争取中农入会，向他们多作解释工作，是完全必要的。"①

（三）贫农的积极奋斗

此处所指的"贫农"，大约包括了《中国社会各阶级的分析》一文中入不敷出的"自耕农"、"半自耕农"、"贫农"、部分"手工业工人"和"农业无产阶级"。《报告》引用了长沙的调查数据，乡村人口中，贫农占百分之七十，中农占百分之二十，地主和富农占百分之十。百分之七十的贫农中，又分赤贫、次贫二类，赤贫占百分之二十，次贫占百分之五十。如此庞大的贫农群体，就成了"农民协会的中坚，打倒封建势力的先锋，成就那多年未曾成就的革命大业的元勋"②。因此，贫农最终取得了农会的领导权，他们占据了下级农会领导的绝大多数。

大革命时期，贫农的经济状况是"有也不多"，甚至可能"全无所有"。"全无所有"就不怕在革命中失去什么，兴许还能得到点什么；"有也不多"，革命起来得到的可能比失去的多。因此，在农民运动中，贫农"最听共产党的领导"，成为了"乡村中一向苦战奋斗的主要力量"，"他们毫不迟疑地向土豪劣绅营垒进攻"，"一切破坏的工作都只有他们做得出"。可以看出，

---

① 《毛泽东选集》第 1 卷，人民出版社 1991 年版，第 20 页。
② 中共中央党史和文献研究院、中央档案馆编：《中国共产党重要文献汇编》第 10 卷，人民出版社 2022 年版，第 291 页。

贫农的革命意愿更多的是出于生存的需要，是为了生存而进行的反抗式运动，他们并不拥有无产阶级的革命理想和革命目标，因此在很多时候他们的运动可能被视作非理性的冲动行为。这就对农民运动的领导者——共产党人提出了更高的要求。共产党人不仅要在农村把革命发动起来，还要通过宣传、组织、领导等工作，将农民的非理性冲动行为转变为理性行为。

但贫农革命的大方向并没有错。"他们损伤了土豪劣绅的体面。他们打翻了大小土豪劣绅在地上，并且踏上一只脚。他们在革命期内的许多所谓'过分'举动，实在正是革命的需要。"因此，毛泽东做出论断，"没有贫农，便没有革命。若否认他们，便是否认革命。若打击他们，便是打击革命。"他提醒："不可做出帮助土豪劣绅打击贫农阶级的错误行动。"即便是对于贫农领袖中的"少数不良分子"，"也只能在农会整顿纪律的口号之下，对群众做宣传，对他们本人进行训练，把农会的纪律整好，决不能随便派兵捉人，损害贫农阶级的威信，助长土豪劣绅的气势。"①

总之，农民阶级是愿意革命的，是中国革命的重要盟友，但并不是说所有农民都愿意积极参加革命，农民阶级内部存在着不同的阶层差异，不同阶层的农民对革命的态度是不一样的，只有贫农才是中国革命的真正盟友，甚至可以说是革命先锋。

---

① 《毛泽东选集》第 1 卷，人民出版社 1991 年版，第 20—22 页。

三、毛泽东对农民阶级认识的深入

据毛泽东自己评价，写《湖南农民运动考察报告》时，他"对于农村阶级的结合，仍不是十分了解的"。《寻乌调查》后，"才弄清了富农与地主的问题"；兴国调查之后，弄清了贫农与雇农的问题，认识到贫农团在分配土地过程中的重要性。他指出："地主是以收租为主；富农是以雇工为主，自己参加劳动；中农是以不出卖劳动力为主，经营自己的土地；贫农是一定要出卖劳动力，靠自己的土地不够生活；雇农完全出卖劳动力，没有土地。"^①至 1939 年，毛泽东在《中国革命和中国共产党》一文中，再次对农民各阶层在工农联盟中的地位和作用作了分析，他认为："全部中农都可以成为无产阶级可靠的同盟者，是重要的革命动力的一部分。中农态度的向背是决定革命胜负的一个因素，尤其在土地革命之后，中农成了农村中的大多数的时候是如此。""中国的贫农，连同雇农在内，约占农村人口百分之七十。贫农是没有土地或土地不足的广大的农民群众，是农村中的半无产阶级，是中国革命的最广大的动力，是无产阶级的天然的和最可靠的同盟者，是中国革命队伍的主力军。贫农和中农都只有在无产阶级的领导之下，才能得到解放；而无产阶级也只有在和贫农、中农结成坚固的联盟，才能领导革命到达胜利，否则是不可能的。农民这个名称所包括的内容，主

---

① 《毛泽东文集》第 2 卷，人民出版社 1993 年版，第 379、381 页。

要地是指贫农和中农。"①

  理论来源于实践。随着中国革命实践的发展，尤其是经历了土地革命战争的洗礼，毛泽东对农民阶级的认识也在不断发展、成熟。然而，《报告》已经体现了毛泽东对农民阶级重要认识的合理性及科学性，为土地革命的兴起和工农联盟的形成奠定了重要的理论基础。

---

①《毛泽东选集》第 2 卷，人民出版社 1991 年版，第 643—644 页。

第八章　农民运动的十四件大事（上）

在共产党的领导下，湖南农民从政治、经济、文化等方面，对封建地主阶级展开了猛烈的进攻，在农村掀起了轰轰烈烈的大革命。在实地考察了湖南农民运动之后，毛泽东将农民的革命行动概括为十四件大事，并称赞"这是四十年乃至几千年来未曾成就过的奇勋"。

一、建立农会组织

这是农民所做的第一件大事。

在《报告》中，毛泽东将湖南农会的发展情况分为四等。一等是"像湘潭、湘乡、衡山这样的县，差不多所有的农民都组织起来了"；二等是"农民组织起来了一大部分，尚有一小部分没有组织，如益阳、华容等县"；三等是"农民组织起来了一小部分，大部分尚未组织起来，如城步、零陵等县"；四等是"农会宣传未到"，"农民还全未组织起来"。即便如此，1926 年湖南省农民协会统计"全省七十五县中，三十七县有了组织，会员人数一百三十六万七千七百二十七人。"到了 1927 年 1 月底，毛泽东预估会员人数已经满二百万人，以平均每家五口计算，会员人数已达千万人。"这种惊人的加速度的发展，是所以使一切土豪劣绅贪官污吏孤立，使社会惊为前后两个世界，使农村造成大革命的原因。"①可见，农会组织的建立，对于农村大革命的兴起来说是多么的重要。

中国的农民历来对于乡村政治是绝对没有权力可以过问的，就连集会、结社的自由也没有。各阶级的人都有他们的组织，唯有占最大多数的农民没有组织。传统的旧式农会，组织成员大多为地主、士绅，普通农民难以跻身其中。清朝末年，虽然农工商部颁发的农会相关章程中并未对加入农会的条件作出明确规定，但各地农会章程通过设定各种限制，将农民排除在会员资格外。比如，直隶农务总会，虽对申请入会者无任何限制，但是规定："凡愿充会员者，请书衔名、籍贯、住址，送至本会，岁缴会分银二两。"无极县农会则明确规定会员资格为"富有田产""精通文义"等。湖北农务总会规定："凡捐助会费至十元以上者，作为本会正会员"，"纳入会费一元，常年会费二元，作为本会寻常会员"。②这些资格要求，显然不是普通农民所能达到的。到了民国初期，农林部颁布的《农会暂行规程》中规定农会会员资格为：①有农业之学识者；②有农业之经验者；③有耕地、

---

①《毛泽东选集》第 1 卷，人民出版社 1991 年版，第 23 页。

② 广东劝业道呈：《曲江县农会分会章程摺》，中国第一历史档案馆藏，全宗代码 20，案卷号 124。

牧场、原野等土地者。①这一规定仍然将普通农民排除在外，最终农会会员基本还是由地主、商人、士绅及知识分子构成的。

农民受了压迫阶级的榨取和剥削，因为没有组织，不能团结一致，就没有权力反对。而湖南农民协会的建立，将全体农民团结了起来。湖南农民运动的发展，农民得到了集会、结社的机会，所以，在全省农民协会指挥之下，湖南农民全体团结起来了。②

为了适应农会发展的需要，中共湖南区委领导制定了《湖南农民协会暂行总章》，明确规定农会会员的成分必须是雇农、佃农、半自耕农、自耕农、农村中的手工业者，或农村中的其他体力劳动者。不符合条件而请求入会的人，须有两个会员介绍，经所在乡农民协会全体会员四分之三通过，方能成为会员。这些规定，对于建立以革命先锋贫农为主体的，团结中农和其他劳动阶层的各级农民协会，发挥了重要的作用。

二、政治上打击地主

这一时期，农民虽然取得了集会、结社、言论、自由之权，可以组织农民协会，然而，反动派、贪官污吏、土豪劣绅到处

---

① 中国第二历史档案馆编：《中华民国史档案资料汇编》第 3 辑（农商一），江苏古籍出版社 1991 年版，第 107—110 页。

② 战士周报社编：《湖南农民运动问题论文集》，战士周报社 1927 年版，第 46 页。

破坏农民协会。一方面，他们非法组织农民协会，故意与合法农民协会捣乱，或者混入农民协会中，破坏农协的组织；另一方面，则利用团防势力，压迫农民，残杀农民。1926 年 10 月上旬，中共湖南区委召开第六次代表大会，大会提出铲除土豪劣绅、贪官污吏，剥夺反动政权机构和地主武装团防局、警察的司法行政职权，农民有集会、结社、抗租及武装自卫之权等，作为农民政治斗争的最低要求，号召湖南农民积极行动起来，向土豪劣绅开展斗争。①自 1926 年底，湖南农民在农会的组织下，向地主阶级特别是反对农运的土豪劣绅展开了激烈斗争，但反动势力并未肃清，不断对农协实施反击。通过散播谣言，迫使农运失去各方力量的同情，制造农协同政府、军队方面的冲突，恰是他们破坏农民运动的主要手段之一。②

因此，农民的主要攻击目标是土豪劣绅和不法地主。"农民有了组织之后，第一个行动，便是从政治上把地主阶级特别是土豪劣绅的威风打下去"，"把农民权力长上来"。"这是一个极严重极紧要的斗争……这个斗争不胜利，一切减租减息，要求土地及其他生产手段等等的经济斗争，决无胜利之可能。"③

---

① 韶山、衡山、醴陵、长沙工农兵党史学习班湖南省哲学社会科学研究所现代史组编：《第一次国内革命战争时期的湖南农民运动》，湖南人民出版社 1977 年版，第 40、47—48 页。

② 中国革命博物馆、湖南省博物馆编：《湖南农民运动资料选编》，人民出版社 1988 年版，第 237—238 页。

③ 中共中央党史和文献研究院、中央档案馆编：《中国共产党重要文献汇编》第 10 卷，人民出版社 2022 年版，第 293 页。

在各级农民协会的领导下，农民向土豪劣绅发动了强大的政治攻势，从政治上打击地主。毛泽东在《报告》中总结了农民从政治上打击地主的九种方法，分别是清算、罚款、捐款、小质问、大示威、戴高帽子游乡、关进县监狱、驱逐和枪毙。

清算开展得较为普遍，"好多地方组织了清算委员会，专门向土豪劣绅算账"。因为湖南各县公产名目繁多，家族有祠堂族产，寺庙有庙产，积谷会、桥会、路会、义学、育婴堂等都有田产，大的收租几千石，小的也有几十石。土豪劣绅利用掌管这些公产田租的便利，肆意贪污。但清算的意义"不重在追回款子，重在宣布土豪劣绅的罪状，把土豪劣绅的政治地位和社会地位打下去"①。农会建立后，以清算的方式，打击了许多土豪劣绅。其中，比较典型的例子是清算胡淮生。湘乡县第十九区积谷会，由农民集积三千多石谷，作为灾年贫苦农民的口粮。但这些谷子真正用于农民的不过千石，大部分都被掌管积谷会的胡淮生等十多户土豪劣绅贪污和挪用，他们在夏荒之际把谷子运至外地高价售出，然后再向急需用钱的农民预买新谷。有对联称："十七升半要一石，有口皆称剥削鬼"，"数千积谷尽被吞，无人不恨淮阎王"。②区农会根据群众的要求，清算了积谷会，向胡淮生等十多户土豪劣绅处以各种罚款、捐款四

---

① 《毛泽东选集》第 1 卷，人民出版社 1991 年版，第 24 页。

② 韶山、衡山、醴陵、长沙工农党史学习班湖南省哲学社会科学研究所现代史组编：《第一次国内革命战争时期的湖南农民运动》，湖南人民出版社 1977 年版，第 48 页。

万余元。这样的清算斗争，在农民运动中极为普遍，目的主要不在于追回钱款，而是宣布土豪劣绅的罪状，把土豪劣绅的政治地位和社会地位打下去。经过清算，土豪劣绅威风扫地。

罚款则是清算的结果，土豪劣绅舞弊、鱼肉农民的劣迹或破坏农会、违禁的行为被发现，就要被罚款若干。捐款和小质问虽然也是惩罚，但与清算和罚款相比程度较轻。大示威则需要土豪劣绅杀猪出谷请群众吃饭，且多半也要罚款。

戴高帽子游乡也是较为普遍的惩罚。曾有当事人回忆，给劣绅们戴高帽的主要目的是令土豪劣绅颜面扫地，一扫农民对地主的畏惧感。"为什么想出给戴高帽子这样一个主意呢？人们平日对这些豪绅，有怕他的，有向他求情的，有专门巴结他们的，都是一片恭维，这就叫做给他戴高帽子。但那是无形的'高帽子'，现在将一顶纸扎的，有一二尺高的尖顶的实实在在的帽子，给他戴在头上，帽子上面还大书××土豪或××劣绅，被民众按着头，游街示众，这是对他最大的嘲讽，也是土劣们最怕的丢人现眼的事，因为这样一来，他们平日的威风就扫地以尽了。"①所以，"有钱的多愿罚款，不愿戴高帽子"②。

关进县监狱和枪毙就是严重的打击办法了。将罪行累累的土豪劣绅捉了，关进监狱治罪，对极个别罪大恶极的处以死刑。"例如宁乡的杨致泽，岳阳的周嘉淦，华容的傅道南、孙伯助，

---

① 中国人民政治协商会议湖南省醴陵市委员会文史资料研究委员会编：《醴陵文史》第 2 辑，内部发行，1985 年版，第 143 页。

② 《毛泽东选集》第 1 卷，人民出版社 1991 年版，第 25 页。

是农民和各界人民督促政府枪毙的。"①公开枪毙土豪劣绅，也是农协面对土豪劣绅暴力反抗的重要反击办法。例如，湘潭的晏蓉秋，曾在湘潭担任县议员，兼任律师，"势力更膨胀，人敢怒而不敢言"②，最后被"农民和各界人民强迫县长同意从监狱取出，由农民自己动手枪毙的"。还有"宁乡的刘昭，是农民直接打死的"③。耒阳北乡组织农会时，大豪绅邓金山组织假农会被群众揭穿，就邀约四方豪绅，收买流氓地痞，聚集六十多支枪，驻守三面环山一面靠水的曾家洲，企图据险与农民对抗，并杀死了坛下乡农协委员陈玉泉，引起群众极大愤怒。县农协组织全县农民武装，打下曾家洲，枪决了邓金山。④"几个巨魁明正典刑后，湖南的封建势力可算是挫折了锐气。"⑤

至于驱逐，并非出于农民本意，而是因为罪恶昭著的土豪劣绅怕被捉被杀，主动逃跑，结果与驱逐无异。"重要的土豪劣绅，在农民运动发达县份，几乎都跑光了"，"他们中间，头等的跑到上海，次等的跑到汉口，三等的跑到长沙，四等的跑到

①《毛泽东选集》第1卷，人民出版社1991年版，第25—26页。

②《湘潭民众枪毙晏蓉秋之详情》，《大公报》（长沙）1926年12月23日，第7版。

③《毛泽东选集》第1卷，人民出版社1991年版，第26页。

④ 韶山、衡山、醴陵、长沙工农兵党史学习班湖南省哲学社会科学研究所现代史组编：《第一次国内革命战争时期的湖南农民运动》，湖南人民出版社1977年版，第43—44页。

⑤《湖南历史资料》编辑室编：《湖南历史资料》（1981年第1辑），湖南人民出版社1981年版，第146页。

县城。"①当然，逃跑也并不能保证从此安全无虞，他们还是有被抓回的风险。

在《报告》中，毛泽东特意提到了民国以来土豪劣绅对农民的血腥杀戮，"土豪劣绅势盛时，杀农民真是杀人不眨眼"，"现在农民起来枪毙几个土豪劣绅，造成一点小小的镇压反革命派的恐怖现象，有什么理由说不应该？""每县至少要把几个罪大恶极的处决了，才是镇压反动派的有效方法"。②但即便如此，湖南尚有一部分地方，"因为政治斗争不激烈，地主权力还隐隐和农民权力对抗"③。这些地方"还须加劲作政治斗争，至地主权力被农民完全打下去为止"④。

三、经济上打击地主

农民在经济上打击地主，主要采取的方式是平粜阻禁、减租减押和退佃减息等。

农民协会同地主阶级进行经济斗争，一般是从平粜阻禁开始的。土豪劣绅趁着全省连年水旱虫灾、粮食歉收之际，囤积

① 中共中央党史和文献研究院、中央档案馆编：《中国共产党重要文献汇编》第 10 卷，人民出版社 2022 年版，第 295 页。
② 中共中央党史和文献研究院、中央档案馆编：《中国共产党重要文献汇编》第 10 卷，人民出版社 2022 年版，第 296 页。
③ 中共中央党史和文献研究院、中央档案馆编：《中国共产党重要文献汇编》第 10 卷，人民出版社 2022 年版，第 294 页。
④《毛泽东选集》第 1 卷，人民出版社 1991 年版，第 24 页。

— 118 —

居奇，高价出售，牟取暴利，使贫苦农民深受其苦。为了打击地主阶级，中共湖南区委在全省第六次代表大会上提出了农民最低限度的经济要求，如"田赋附加不得超过正粮"；"不得预征钱粮"；"减轻租额，佃农所得至少应占收获百分之五十"；"佃户押金租谷每石至多不得超过二元"；"银钱借贷年息不得超过二分，借谷年息不得超过一成"；"改良雇农待遇"；"乡村中应有管理食粮之组织，调查当地食粮生产及消费之数目以限制食粮出境"等，作为农民当时的斗争任务。[①]

从 1926 年 10 月开始，各地农协自动组织平粜委员会，勒令地主按照一般价格将谷米卖给农民，否则没收其谷米，并处以罚款。同时，为了防止土豪劣绅将粮食偷运出境，农会开展了阻禁斗争。除调运军粮外，不准地主富农把谷米运出境，限定以乡为单位流通谷米。若谷米由本乡流通他乡，则要有区农协命令；由本区流通他区，要有省农协命令。省农协设有运谷米的护照，由专人管理。结果，谷米阻得水泄不通，谷价大减，囤积居奇绝迹。平粜阻禁，是农民反对剥削的一种自卫手段，对保障本地区农民的生活和安定社会秩序有积极作用。

减租减押减息是限制农村封建剥削的一项重要措施。"农会还在势力弱小时期，地主依然按照剥削从重老例，纷纷通知佃农定要加租加押"，待农会势力增大后，农民"一致反对加租

① 人民出版社编：《第一次国内革命战争时期的农民运动资料》，人民出版社 1983 年版，第 394 页。

加押，地主便不敢再提加租加押四字"。①根据中共湖南区委全省第六次代表大会关于"农民的最低限度之政治经济要求"——最低经济要求，第一项为"减轻租额，佃农所得，至少应占收获的 50%"，第四项为"绝对禁止重利盘剥，限制最高利率，银钱借贷，年息不得超过 2 分，借谷年息不得超过一成"的有关规定，各地农协开展了减租减押减息斗争。1926 年秋收时，衡阳农民要求恢复十年以前的租额，取得胜利。衡山、醴陵、浏阳、永兴、常德等县实行二五减租或三七减租。凡是农民运动起来的地方都进行了减押或退押。减息斗争也比较普遍。安化县将年息由七八分，减至四五分；攸县农会规定年利最高不得超过两分，陈年旧账根据情况或减或免，不许地主逼要。至于地主的超经济剥削，如大斗量进、小斗量出、无偿劳役、年节送礼等，全被取缔。针对湖南农村苛捐杂税多如牛毛、农民不堪重负的情况，中共湖南区委第六次代表大会通过的宣言中明确提出了"废除苛捐杂税"等工农最低限度的经济要求。全省第一次工农代表大会一结束，在农民协会的领导下，全省各地都进行了反对苛捐杂税的斗争。例如，衡山县召开公法团联席会议，决定从 1926 年秋季起全县附加不得超过正税，一律不预征钱粮，各都团的团总直接掌握征收的亩捐一律取消。这一决定，使农民身上的负担大大减轻了。此外，各地土豪劣绅把持乡征时加在农民头上的苛捐，如亩捐等，也因农民运动的兴起、土豪劣绅的倒台而取消或减轻了。

此外，在农民运动高潮时期，农民对地主的经济打击方式，还有《报告》中没有提到的查处豪绅逆产浮财。1926年12月，全省第一次工农代表大会通过《没收逆产问题决议案》，要求各地农民协会负责调查逆产，报告清理逆产委员会。1927年1月21日，《战士》周报刊登《对于清理逆产的几个建议》，明确了清理逆产的范围，不仅包括军阀财产，而且包括买办、贪官、污吏、土豪劣绅的财产，提出将逆产分给贫农、赈济灾荒、充作军饷和抚恤北伐战争伤亡将士四个处置办法。各地农协纷纷成立仲裁委员会，清查土豪劣绅侵吞的逆产，包括他们掌握的族产、庙产、地方积产、各种会产，以及霸占农民的私产等。仲裁委员会根据每个豪绅侵吞的恶劣程度和富有状况，裁定对其应没收的金银、光洋、粮食、贵重物件等浮财的多少。慈利县各地农协会成立清算小组，清算豪绅的地租和高利贷剥削，清算豪绅掌握的祠堂、庙宇、教堂的公产、捐款和义谷、派款。清算的结果数字惊人，农民恍然大悟地说："原来我们一年忙到头的钱粮是被这些毒蛇吞了。"通过这些经济斗争，进一步激发了农民的革命积极性。

但农民在经济上对地主的打击也带来了一些现实问题。由于湖南以出产谷米为大宗，本可以输出省外，换取现金，这样笼统地阻禁，使湖南省的税收、金融受到了一定的影响，同时给群众生活也带来了不便。1927年1月16日，中共湖南区委发出《关于阻禁平粜问题的通告》，指出平粜阻禁的一些消极后果，为了保证农民运动不致过早分化，以免敌人趁机进攻，要求各地农协不要硬性阻禁。3 月中旬，由湖南省农协、国民党湖南省党部农民部、总工会、民政厅、建设厅联合组织了民食维持会，经过调查，决定各地粮食采取留四去六办法，使民食不致缺乏，金融亦得到缓解。5 月 3 日，经湖南各界联席会议议决，由工农两会、国民党湖南省党部、省政府组织湖南经济委员会，将粮食以法令形式集中于农协，农协再以最低价粜给当地平民，其余谷米由政府按平价收买，接济前方军粮或缺粮的县，所得资金办农民银行。①

四、推翻土豪劣绅的封建统治

旧式的都团作为区乡的政权机关，之前几乎均由土豪劣绅把持。都团的权力很大，既有独立武装，又有独立征税的权力，甚至有独立的司法权，可以随意对农民施行逮捕、监禁、审问和处罚等诸多强制手段。

在农民运动发展期间，土豪劣绅为维护自身利益，利用手中掌握的都团权力，对农民运动极尽破坏之能事。1926 年 12 月，湖南省第一次农民代表大会在《铲除贪官污吏、土豪劣绅决议案》中，曾陈述诸多湖南各县土豪劣绅压迫破坏农民运动的事实。

---

① 中共湖南省委党史研究室：《中国共产党湖南历史·第 1 卷（1921—1949）》上，湖南人民出版社 2008 年版，第 177 页。

"如赵恒惕、廖运元、李鸣九、赵桂生等之岳北屠杀，焚毁农屋二十余所，枪杀三人，拘囚数十，被逐被逼者不可计数。湘潭晏容秋指挥十八罗汉，左右县政，把持三堂四所，吞蚀军饷、捐款以饱私囊。该县西二区团防局长成胥生，凭借赵逆势力，勾结驻防军队，把持乡、村政权，残杀良民，破坏农协，诬陷协会会员，谋害农民领袖毛泽东等三十余人，更勾结西山会议派，谋反抗革命运动。该县株洲汪孝遽、汪绳武等，利用团防，勾结叶逆军队，诬杀农民领袖汪先宗。宁乡陶滨川、廖季梅、刘佑卿等暗助叶逆军饷、蚕食公款、联合团防，响应赵、叶，破坏北伐；杨致泽、刘昭等利用团防，残杀良民至数百人，枪伤农民领袖梅冶成。桂阳雷征、彭仁寿、李容巨、黎庚樛等统率团防，占据县城，解散党部，枪杀工人，图殴农民领袖何汉。耒阳伍易卿、李子如、刘友三、邓元勋等收买痞徒，假冒农协名义，焚烧政府机关，企图嫁祸；土豪邓演宾私印愿书，组织乡农民协会，以图破坏农运；北乡土豪李某，收买农贼，擅改乡农民协会为区农民协会，并擅刻铃记，更私发大批乡农民协会筹备员委任状。衡阳劣绅张杞生，勾结团防局长何镇楚，围捕农民及农民领袖；土豪杨竹轩，集合暴徒数百，捉去区执行委员，勾结驻防军捣毁各公法团；团防局长罗凤逸，恃强摧残农民，纠合打手，捆打农民领袖。华容傅道南、罗昌、张荫元、孙锐义、傅治焕等，勾通土匪，勒索人民，瓜分公款，八长联盟，把持县政，包揽词讼，诬害农民。湘阴之赵子成、赵荪堂、赵迪予、赵崇正等借赵逆势力把持团防，高租、高利，剥削农民，农民实已变为农奴；任炳奎，指使任觉桥，勾结痞徒，破坏农协，殴打特派员；劣绅酆孟秋，强迫解散农协，驱逐努力农运的人员。益阳黄剑农、龚海帆、龚金榜、刘中藩、陈毫卿，组织伪党部，指挥暗杀队，把持县政，破坏革命，鲸吞公款，鱼肉人民；团防局长刘梦龙、曹应春，倚团防势力，擅杀乡民，操纵地方行政，盘踞旧农会房屋，捣毁农舍，压迫农民。郴县著名之土豪劣绅曹游龙等借党敛财，惨杀党员；李冰如捣乱农协，毁坏党部，买活反动派杀区农协委员长李固。湘乡程希洛、彭世箴、朱太初、贺石渠等，私通赵、叶，破坏革命，捣乱后方；组织三K党、保产党、城镇乡联合会、暗杀队；勾结团防局，捣毁永丰党部；焚烧农舍，破坏农民运动，谋害农民协会执委曾策；把持县政，侵吞公款，包揽词讼。下里团防局长萧介藩，勾结土豪劣绅，摧残农运，包庇土豪熊祥元，强运谷米，逮捕农协会员，私行拷打，滥用刑罚，残杀良民达百数十人；把持团防局，侵吞地方公款，操纵乡权，武断乡曲。嘉禾团防局长王泽民等，统率团兵，惨杀农民，包庇赌博。道县之杨锐等，扶植党羽，把持国民党县党部，暗杀省党部特派员陈清河，压迫农运。汉寿梅石、赵勋华等，欺压良懦。常宁土豪欧阳玉琪，高租、高利，大称、小斗；劣绅李溪成、潭封桐，破坏农民协会组织。沅江袁熙甫、袁致祥等，宣传'三爱主义'，利用团防，贿买镖手，悬赏八百元，谋杀农运专员。平江县议员、长寿商会会长李灌畦，为长寿土豪劣绅领袖，在孙中山逝世周年纪念日，指挥流氓游街

示威，高呼‘打倒农、工阶级’、‘反对三民主义’
等口号；北伐军与敌军在平江开仗时，受敌方委任，
组织递步哨队及保卫团，运动地方，希图破坏北伐；
并组织暗〈杀〉党，图杀国民党员及农运领袖。〈该
县〉汪信哉乃仙坛坛主，惯性压迫民众，把持县有
财产及政治，并于去年正月，组织讨赤委员会，禁
止加入国民党；沈寅卿、姚叙哉〈是〉真正地痞劣
绅，包揽词讼，武断乡曲，压迫民众，破坏农协。
临武李镜先，利用团局，垄断乡政，毒毁〈杀〉农、
工委员宁教仁，迫散区党部，勾结募债专员刘艺侯，
浮收舞弊，纵兵苛索。新宁陈升安，侵吞公款，摧
残学务；雷腾蛟、华维翰，勾结县府，私用刑讯，
指良为匪，勒罚巨款。安乡徐德保等勾结县长，倚
仗团防势力，压迫农民，出团卖谷，每亩至四斗八
升，敛谷八百余担，农民请求减轻，不独不准，反
惨杀农民许正卿等二十余人。浏阳邹逆尧仁之参谋
长及筹饷委员王益生、鲁觉丞等盘踞县团防局，要
挟官厅，把持县政，压迫民众，破坏革命团体，又
为邹尧仁规划一切，提取军饷；劣绅黄昭著、黄达
五，把持乡政，勾结地痞；刘任生，组织假农民协
会，利用农民，破坏农协；刘生实，勾结谢文炳，
敲诈商人，侵吞军饷捐款。桭西团防局长娄邵德，
欺压民众，破坏农协，捕殴国民党员刘解人，当街
痛笞三百，枪杀良民，拐逃团防枪支；土豪王远万，
高利盘剥，压迫农民，逼死农妇。长沙清泰乡都总
林巨卿，平日专横乡曲，近因募集公债，从中舞弊，
更侵吞水灾赈款，扣留地方学款，自命为土豪劣绅，
禁止当地农民加入农协，与彭逆祖植等串通一气，

鱼肉贫民；郑澍人，勾结吴逆，宣传反革命，侮辱
革命领袖孙总理及黄克强先生；罗倚陶，侵占田地，
骗取佃户批价，压迫佃农；河西镇团防分局长丁琼
芝，绰号丁四土匪，把持局务六年，借团敛款，迄
今财政不曾公开，伊家致富业已逾万，平时擅捕良
民，滥用刑法，诬农协会员为土匪，肆行压迫。永
明王鹏，现充团保，武断乡政，破坏农运，借团捐
为名，任意苛索；王筠，现充团总，破坏农运，垄
断一乡，包庇赌博，近更混入国民党，当选非法的
县党部执行委员。衡山唐经畲，把持县政，垄断乡
曲，侵蚀公款，鱼肉良民，反对民族革命运动，印
刷书籍，谋破坏革命，现更勾结西山会议派，潜来
省城图谋扰乱北伐后方；劣绅罗如琴，于北伐开始
时蓄谋破坏，我军退守衡州之时，更诬告农民夏观
桃、彭黄枚等，谓为匪徒，且谓农民协会为匪党。
以上所举各县土豪劣绅，特其尤者，至于细小，一
概未录。"①

　　农会组织建立后，农民要掌握权力，必然需要打倒都团，
才能推翻土豪劣绅的封建统治,从而真正实现一切权力归农会。
醴陵县农会利用纪念孙中山诞辰日召开大会时,趁团防局不备,
收缴了团防局枪支，并活捉了团防局局长彭志蕃。长沙靖港区
农会则带领一千多名会员，冲到区团防局，烧掉了团防局的刑
具并收缴了枪支。宜章县农会则调集农民武装两三千人，与团

①《湖南历史资料》编辑室编：《湖南历史资料》(1980 年第 2 辑)，湖南人
民出版社 1980 年版，第 10—13 页。

防局武装交战一昼夜，将其驱逐。

帝国主义勾结封建军阀所建立的军事独裁政治的基础，就是农村中的团防局、团保等制度，贪官污吏、土豪劣绅便运用这种制度取得乡村政权，以镇压农民的反抗，维持剥削者的地位。在国民革命势力发展之下，湖南第一步是把封建军阀推翻了。湖南农民继续着完成第二步工作，在乡村中以革命手段把团保制度推翻，便是推翻了封建政治的基础，使土豪劣绅、大地主等在乡村中不能继续垄断乡政，这是开乡村自治的先导，建立民主政治的基础。①

打倒都团，实际上是农会发展的必然结果。正如毛泽东所写的，"这回农村造反的结果，地主阶级的威风普遍地打下来，土豪劣绅把持的乡政机关，自然跟了倒塌"②。

五、推翻地主武装，建立农民武装

在武装斗争方面，农民协会领导农民积极推翻地主武装，建立农民武装，这是建立和巩固农民革命夺取政权的需要。北伐军将北洋军阀逐出湖南时，并未触动广大农村中的地主武装。湖南地主阶级的武装，"平均每县以六百枝步枪计，七十五县共

---

① 战士周报社编：《湖南农民运动问题论文集》，战士周报社 1927 年版，第 45 页。
②《毛泽东选集》第 1 卷，人民出版社 1991 年版，第 28 页。

有步枪四万五千枝，事实上或者还要多"①。这些地主武装，完全是贪官污吏、土豪劣绅的爪牙。农民协会初建时，不少团防局长抗拒改组命令，拒不移交枪支，甚至向农民协会发动进攻，杀害农会干部，破坏农民运动。这种武装，已经失去了卫乡防匪的意义。因此，为实现真正的人民自卫，建立农民武装已刻不容缓。

在中共湖南区委的领导下，广大农民通过三种方式铲除了地主武装：一是武力夺取，如宜章、麻阳等县；二是通过竞选团防局长，控制团防武装的领导权，如华容的何坤、安化的刘肇经，都是通过地方党组织的活动当选为团防局长，将其改造为革命武装；三是在农民运动发达的湘江流域，地主武装招架不住，大部分向农会投降，如宁乡、平江、浏阳、长沙、湘潭、湘乡、安化、衡山、衡阳等县。之后，农协将这些武装进行了改编。1926 年底，衡山县就已有农民纠察队 5000 多人，枪 300 多支。湖南农民代表大会为实现真正人民自卫组织，提出"所有团防局或保卫团应一律取消，另外成立挨户团"②。

改编地主旧武装，只是建设农民武装的一个方面，另一个方面即是建立农会的梭镖队。各地农会利用没收的公产和来自土豪劣绅的捐款、罚款，发动群众收集废铁，集中铁匠赶制梭镖。到 1926 年冬，仅湘乡 1 个县就有梭镖 10 万支，安化有 8 万支，浏阳有 6 万支，衡山有 4 万支，衡阳有 3.5 万支。凡是

---

① 《毛泽东选集》第 1 卷，人民出版社 1991 年版，第 28 页。
② 中国人民解放军政治学院党史教研室编：《中共党史参考资料》第 4 册，内部发行，1979 年版，第 155 页。

已发动农民运动的地方，梭镖队都在迅速发展，有力地壮大了农会的力量。为继续壮大农民武装，毛泽东在《报告》中还提出，"湖南的革命当局，应使这种武装力量确实普及于七十五县二千余万农民之中，应使每个青年壮年农民都有一柄梭镖，而不应限制它"，因此，这种新建立的广大的梭镖势力，"是使一切土豪劣绅看了打颤的一种新起的武装力量"。①

1926年8月，国民党湖南省党部第二次全省代表大会召开，通过了《农民运动决议案》《确定各县农民协会经费案》《改组团防局以利革命进行案》等多个有利于农民运动发展的议案。11月，湖南省政府第二十七次省务会议召开，还专门就组织农民自卫团案进行了讨论。虽然方案未能立即获得通过，但大会议决"农民自卫团俟全省统一章程颁布后，再行按章组织"。在此之前，相当一部分在北伐战争中获得武器和作战经验的农协会员，已在私下里组建起武装力量。"各工农协会均组织有纠察队。""纠察身着青色服装、佩戴红布臂章，系红领巾，手持梭标或警棍等武器。枪支虽少，但雄威之势，莫可抵挡，一些官僚地主，土豪劣绅，视之畏惧，闻之心寒。"②每逢召开会议、审判反革命等政治活动，农协总是令纠察队负责维持秩序，以示权力。整体上看，农民武装在打击乡间反动势力、保卫农民运动成果和提振农民信心等方面发挥了重要作用。

---

① 《毛泽东选集》第1卷，人民出版社1991年版，第29页。
② 中国人民政治协商会议长沙市委员会文史资料研究委员会编：《长沙文史资料》第9辑，内部发行，1989年版，第16—17页。

第九章　农民运动的十四件大事（中）

一、推翻县官僚政权

早在 1924 年 12 月，中共湖南区委就提出建立由省、县到乡村的革命民主政权的主张，以省民会议推动区乡自治的实现。1926 年湖南省第一次农民代表大会发布的宣言强调，农民的中心任务是推翻封建统治，建立农民政权。在这个问题上，"不是东风压倒西风，就是西风压倒东风，怎能不严厉一点？若是骇怕'纠纷'，采怀疑或反对的态度，这不算是革命党"①。

北伐战争胜利后，湖南有些县已经成立了由共产党员和工会、农会负责人及国民党左派代表组成的政务委员会或公法团联席会议，也称县务会议，掌管全县政务。在这样的县里，"凡事取决于县长和革命民众团体的联合会议"。②这种会议，出席的人员除了县长以外，还有"县农民协会、县总工会、县商民协会、县女界联合会、县教职员联合会、县学生联合会以及国

---

① 魏宏运主编：《中国现代史资料选编 2》，黑龙江人民出版社 1981 年版，第 437 页。

②《毛泽东选集》第 1 卷，人民出版社 1991 年版，第 30 页。

民党县党部的代表们"①。会上，各民众团体的意见能够影响县长。因为在县里，全县性质的民众团体，大都具有较高的能力和威权，能解决许多县政府所不能解决的纠纷，几乎是所有农民问题交农协，工人问题交总工会，学生问题交学联……而县政府则鲜少有人，简直等于一种装饰品。②因此，即便会议由县长召集，在县署召开，县长也总是唯命是从。"知事遇事要先问农民协会。在农民势力极盛的县，农民协会说话是'飞灵的'。农民协会要早晨捉土豪劣绅，知事不敢挨到中午，要中午捉，不敢挨到下午。"正是这个原因，毛泽东在《报告》中认为，"所以，在湖南采用民主的委员制县政治组织，应当是没有问题的了。现在的县政府，形式和实质，都已经是颇民主的了"③。

毛泽东在考察湖南农民运动后也发现，同广东海丰一样，湖南的县政治在农民运动发展起来后也得到了澄清。"在土豪劣绅霸占权力的县，无论什么人去做知事，几乎都是贪官污吏。在农民已经起来的县，无论什么人去，都是廉洁政府。"县知事的态度也随着农民运动的发展而发生了变化。"农民的权力在乡间初涨起来的时候，县知事和土豪劣绅是勾结一起共同对付农民的。在农民的权力涨至和地主权力平行的时候，县知事取了向地主农民两边敷衍的态度，农民协会的话，有一些被他接受，

---

① 《毛泽东选集》第 1 卷，人民出版社 1991 年版，第 30 页。

② 中国革命博物馆、湖南省博物馆编：《湖南农民运动资料选编》，人民出版社 1988 年版，第 661 页。

③ 《毛泽东选集》第 1 卷，人民出版社 1991 年版，第 30 页。

有一些被他拒绝。"待到地主权力被农民权力完全打下去的时候，县知事的旧靠山已经倒了，想要做官就得另找靠山，于是开始巴结民众团体，此时农会说话就"飞灵"了。①

农会发展起来的地方县治澄清、政府廉洁，也与诉讼减少有关。民刑诉讼上颠倒敲诈，对县知事及其僚佐来说是比较可靠的生财之道。但农会发展几个月的时间里，"土豪劣绅倒了，没有了讼棍。农民的大小事，又一概在各级农会里处理。所以，县公署的承审员，简直没有事做。"湘乡的承审员直接说："没有农民协会以前，县公署平均每日可收六十件民刑诉讼禀帖；有农会后，平均每日只有四五件了。"这样，县知事及其僚佐自然就没有办法通过民刑诉讼上颠倒敲诈捞到钱。②

因为农会势力日盛，警备队、警察、差役也不敢下乡敲诈了。"从前乡里人怕城里人，现在城里人怕乡里人。尤其是县政府豢养的警察、警备队、差役这班恶狗，他们怕下乡，下乡也不敢再敲诈。他们看见农民的梭镖就发抖。"③

农民运动在湖南省各个地区的发展程度并不相同，农会势力强盛的地方，县官僚政权已被推翻，由自治政权取而代之，但农会势力薄弱的地方，自治政权尚未建立。因此，毛泽东在《视察湖南农民运动给中共中央的报告》中写道："湘中、湘南各县多数经过了一个烈风暴雨的农村革命时期（第二时期），乡

---

① 《毛泽东选集》第 1 卷，人民出版社 1991 年版，第 29—30 页。
② 《毛泽东选集》第 1 卷，人民出版社 1991 年版，第 30 页。
③ 《毛泽东选集》第 1 卷，人民出版社 1991 年版，第 31 页。

村陷于无政府状态，应立即实现民主的乡村自治制度，变无政府为有政府，具体的建立农村联合战线，以免去农民孤立的危险；农村中武装、民食、教育、建设、仲裁等问题也才有最后的着落；目前湖南的政治问题，莫急于完成乡村自治这一点，省民会议、县民会议非在完成乡村自治之后决无可言。"①

二、推翻族权、神权、夫权

中国的男子，普遍要受到政权、族权、神权三种有系统的权力的支配。女子则除了这三种权力外，还要受到夫权的支配。中国农村经济还是处在小农生产、手工业生产时代，新兴工业不甚发达，政治上又是封建的军事独裁政治，在这种半封建的社会里，农民的思想特别落后。湖南又是传统上宗族势力强大、宗族观念深厚的地方。在毛泽东看来，"政权、族权、神权、夫权，代表了全部封建宗法的思想和制度，是束缚中国人民特别是农民的四条极大的绳索"②。在《报告》中，毛泽东指出，地主政权"是一切权力的基干"③。因此，农村中地主政权土崩瓦解时，族权、神权和夫权也就摇摇欲坠了。

① 中共中央党史和文献研究院、中央档案馆编：《中国共产党重要文献汇编》第 10 卷，人民出版社 2022 年版，第 60 页。
② 中共中央党史和文献研究院、中央档案馆编：《中国共产党重要文献汇编》第 10 卷，人民出版社 2022 年版，第 301 页。
③《毛泽东选集》第 1 卷，人民出版社 1991 年版，第 31 页。

农民协会的普遍建立，推动了农民斗争的空前发展。农民政治、经济斗争的发展，必然触及封建专制制度维护并赖以维系的社会意识形态，特别是神权、族权和夫权。农会之所以与神权、族权展开斗争，是因为代表神权和族权的首领，往往也是农民的压迫者。农民在激烈、尖锐的斗争中冲破家族和地域限制，首先打击本族的土豪劣绅，向族权发起攻击。

  族权被农民运动所推翻。随着农民运动的深入发展，许多农民懂得了信天信神不如信农会的真正道理。在农民协会势力强盛的地方，普遍开展了推翻神权、破除迷信的斗争。农会将农民组织起来，使农民有了自己的组织，导致了农村宗法结构和宗族关系的松动，与之前相比，农民的宗族观念有所淡化。农会作为"横向的平等联合的组织，削弱了从前纵向的等级制的宗法结构。"①农会主导下开展的合作社运动，是农民阶级的内部互助合作，与传统宗族内的互助合作有着本质区别，也对传统宗族关系和宗族制度造成了冲击。传统的宗族内的互助合作功能，在现实中逐渐让位于阶级内的团结合作，宗族的凝聚力和控制力必然逐渐弱化。农会势力强盛的地方，"族长及祠款经管人不敢再压迫族下子孙，不敢再侵蚀祠款"，因此族权压迫不再，从前祠堂里"打屁股""沉潭""活埋"等刑法也被废除，"女人和穷人不能进祠堂吃酒的老例也被打破"。当宗族势力被打倒了，农村旧的宗族秩序自然也就很难继续维持下去，

---

  ① 严昌洪：《中国近代社会风俗史》，浙江人民出版社 1992 年版，第 311 页。

宗族关系逐渐让位于阶级关系。

神权也因农民运动的发展而普遍动摇。当农民都加入农民协会以后，许多地方的庙宇等，都被农民用来做会所。许多农协将会址设在庙宇庵堂里，把那些泥菩萨打得稀巴烂，将庙产、祠堂公产拿出来做农会经费，办农民夜校。因为农民运动推翻了地主政权，所以农民协会即使"占了神的庙宇做会所"，用庙产"办农民学校，做农会经费"，不少地方盛行"禁迷信、打菩萨之风"，甚至"砍了木菩萨煮肉吃"，农民对此也并无异言。①

族权、神权被打翻，夫权自然会受到影响。中国历来乡村女子没有权利可以加入某种社会组织，要谨守"男女授受不亲""行莫乱步，坐莫摇身"等规矩。但自从女子也加入农会、女界联合会后，时常离开家庭，参加公众集会，且有许多反抗家庭压迫，要求男女同校的事出现了。夫权则历来在贫农中比较弱一点，是因为相较于其他阶级，贫农妇女参加的劳动更多。这种经济上的地位，使得她们对于家事有更多的发言权甚至决定权。大革命时期，伴随湖南农村经济的破产，男人控制女人的经济条件也几乎丧失。在农协和妇女组织的具体领导下，广大妇女提出"打倒三从四德""实行男女平等""实行放足剪发""反对买卖婚姻"等口号，掀起了继五四运动之后又一次比较彻底的妇女解放运动。有些女界联合会举办女子职业学校，组织女子打袜子、缝纫、织布、刺绣，半日劳动，半日读书，不收

---

①《毛泽东选集》第 1 卷，人民出版社 1991 年版，第 31—32 页。

学费。有的地方还成立了专门为妇女从事劳动的手工工厂。①

　　尽管"所有一切封建的宗法的思想和制度，都随着农民权力的升涨而动摇"，但毛泽东在《报告》中还是认为共产党应该引导农民自己去破除迷信，做到"引而不发，跃如也"。在《报告》中，他讲述了自己如何向农民宣传破除迷信，"信八字望走好运，信风水望坟山贯气。今年几个月光景，土豪劣绅贪官污吏一齐倒台了。难道这几个月以前土豪劣绅贪官污吏还大家走好运，大家坟山都贯气，这几个月忽然大家走坏运，坟山也一齐不贯气了吗？土豪劣绅形容你们农会的话是：'巧得很啰，如今是委员世界呀，你看，屙尿都碰了委员。'的确不错，城里、乡里、工会、农会、国民党、共产党无一不有执行委员，确实是委员世界。但这也是八字坟山出的吗？巧得很！乡下穷光蛋八字忽然都好了！坟山也忽然都贯气了！神明吗？那是很可敬的。但是不要农民会，只要关圣帝君、观音大士，能够打倒土豪劣绅吗？那些帝君、大士们也可怜，敬了几百年，一个土豪劣绅不曾替你们打倒！现在你们想减租，我请问你们有什么法子，信神呀，还是信农民会？"②

　　毛泽东提出，共产党对农民"应该领导他们极力做政治斗争，期于彻底推翻地主权力。并随即开始经济斗争，期于根本解决贫农的土地及其他经济问题。至于家族主义、迷信观念和

　　① 中共湖南省委党史研究室：《中国共产党湖南历史·第 1 卷(1921—1949)》上，湖南人民出版社 2008 年版，第 179 页。
　　②《毛泽东选集》第 1 卷，人民出版社 1991 年版，第 33—34 页。

不正确的男女关系之破坏，乃是政治斗争和经济斗争胜利以后自然而然的结果。"他认为，"菩萨是农民立起来的，到了一定时期农民会用他们自己的双手丢开这些菩萨，无须旁人过早地代庖丢菩萨"，"菩萨要农民自己去丢，烈女祠、节孝坊要农民自己去摧毁"。如果强行要做这些事情，就必然会"被土豪劣绅借为口实"，以"农民协会不孝祖宗""农民协会欺神灭道""农民协会主张共妻"等为由破坏农民运动。①

农民斗争的深入发展，引发了农村政治、经济、社会、文化等领域的深刻革命，动摇了以地主豪绅、封建官吏为政治代表的半封建半殖民地社会的政治、经济制度，也动摇了封建思想。随着农民运动的发展，许多农民懂得了信天信神不如信农会的道理。正如《战士》周报刊文所言，现在农村中可以说族权动摇、神权动摇、夫权动摇，即是整个的宗法社会思想为革命的农民所动摇了。②但要完全推翻族权、神权、夫权，则"还要待农民的经济斗争全部胜利之后"③。

三、普及政治宣传

以政治宣传提升农民的思想，动员农民踊跃参与支持革

---

①《毛泽东选集》第 1 卷，人民出版社 1991 年版，第 33—34 页。

② 战士周报社编：《湖南农民运动问题论文集》，战士周报社 1927 年版，第 46 页。

③《毛泽东选集》第 1 卷，人民出版社 1991 年版，33 页。

命，是这一时期湖南共产党人所面临的迫切任务。

北伐战争前夕，时任中共湖南区委执行委员的夏明翰就提出："为了向人民群众宣传更多的革命真理，必须掌握舆论工具，占领宣传阵地。"①湖南省第一次农民代表大会决议案中也提出，文字的宣传品应极浅显而带趣味性，选择简单有力且农民能够懂得的文字做成标语画报，与其用论文，不如用小说及押韵的歌谣或问答体的短文。1926 年 7 月，中共第四届中央执行委员会第三次扩大会议通过的《农民运动议决案》特别指出："当注意利用画报、标语、歌谣、幻灯、小说式的文字等项，好能改变乡村传说神话而把我们的宣传附会上去，不要作毫无兴趣的机械式讲义式的灌输。"②

鉴于农民的文化水平普遍比较低，在政治宣传方面除了文字宣传外，图画宣传的方法也被广泛使用。1926 年，毛泽东主持广州第六届农民运动讲习所时就曾开设"革命画"课程，教习镰刀、铁铲、大刀、长矛等农民熟悉的绘画元素，以期农民能快速理解革命的意义。这一时期的图画宣传，通过直观生动的漫画、画布、画壁等形式，对农民群众进行革命思想宣传。对于十里不同音、百里不同语的湖南来说，图画宣传的重要性更是不言而喻。

在文字和图画宣传之外，口头宣传也是深入农民日常生活

① 吕芳文、蒋薛：《夏明翰》，人民出版社 1984 年版，第 102 页。
② 中共中央文献研究室、中央档案馆编：《建党以来重要文献选编（1921—1949）》第 3 册，中央文献出版社 2011 年版，第 302 页。

的政治宣传方式之一。口头政治宣传活动深入农村，贴近农民进行革命思想宣传。"高举起共产主义火种的那批知识分子，他们深入田间地头，以农民可以接受的形式，融入农民的日常生活以传播革命思想。"①"政治宣传的普及乡村，全是共产党和农民协会的功绩。很简单的一些标语、图画和讲演，使得农民如同每个都讲过一下子政治学校一样，收效非常之广而速。""他们从那篇遗嘱里取出了'自由'、'平等'、'三民主义'、'不平等条约'这些名词，颇生硬地应用在他们的生活上。"②

此外，口号、歌谣等革命语言传播也是农村政治宣传的重要方式。夏明翰领导湖南农民斗争地主肖老七时，打出"平粜谷子，公平议价"的口号，号召农民进行合理斗争。滕代远在领导农民进行斗争时则打出"打倒土豪劣绅""一切权力归农会"等口号。到了湖南农民运动高潮时期，湖南省每逢重大事件或讲演活动，必定要高呼革命口号，以提升政治宣传在农民中的影响力。"政治宣传在反英示威、十月革命纪念和北伐胜利总庆祝这三次大的群众集会时做得很普遍。在这些集会里，有农会的地方普遍地举行了政治宣传，引动了整个农村，效力很大。今后值得注意的，就是要利用各种机会，把上述那些简单的口号，内容渐渐充实，意义渐渐明了起来。""打倒帝国主义，打倒军阀，打倒贪官污吏，打倒土豪劣绅，这几个政治口号，真

---

① 蔡志强：《社会动员论：基于治理现代化的视角》，江苏人民出版社 2015年版，第119页。

②《毛泽东选集》第 1 卷，人民出版社 1991 年版，第 35 页。

是不翼而飞，飞到无数乡村的青年壮年老头子小孩子妇女们的面前，一直钻进他们的脑子里去，又从他们的脑子里流到了他们的嘴上。"①鼓动农民勇于抗争的歌谣也在农民运动的革命背景下应运而生。"农民头上三把刀，税多租重利息高；农民眼前三条路，逃荒讨米坐监牢。"②"农民协会办得好，男女老少有事搞。斗土豪，打军阀，财主崽子守了法。吃土豪的饭，背土豪的米，农友们个个都欢喜。农民协会真正行，禁烟禁赌修塘修坝好事情。不贪污，不受贿，一切权力归农会。"③湖南长沙农民间流传的这些歌谣，令其包含的革命思想深入农民内心，"'打倒列强……'这个歌，街上的小孩子固然几乎人人晓得唱了，就是乡下的小孩子也有很多晓得唱了的。"④

共产党人将革命语言宣传与追求农民实际利益相结合，成功运用在农民运动的斗争中，并在农民运动中逐渐深入人心。由《报告》中所记载的三个事例就可见一斑。第一个是，"一个绅士模样的人在路上碰了一个农民，那绅士摆格不肯让路，那农民便愤然说：'土豪劣绅！晓得三民主义吗？'"第二个是，"长沙近郊菜园农民进城卖菜，老被警察欺负。……当警察打骂卖菜农民时，农民便立即抬出三民主义以相抵制，警察没有话

---

① 《毛泽东选集》第 1 卷，人民出版社 1991 年版，第 34 页。
② 中国共产党湘潭县历史编纂委员会：《中国共产党湘潭县历史》第 1 卷，中共党史出版社 2009 年版，第 64 页。
③ 中共长沙市委党史研究室编：《英魂——潘心元传》，中共党史出版社 2004 年版，第 93—94 页。
④ 《毛泽东选集》第 1 卷，人民出版社 1991 年版，第 34 页。

说。"第三个是，"湘潭一个区的农民协会，为了一件事和一个乡农民协会不和，那乡农民协会的委员长便宣言：'反对区农民协会的不平等条约！'"①

此外，揭露反革命的谣言也是政治宣传的任务之一。在农民运动发展过程中，土豪劣绅散布流言蜚语，"北伐军在前线打了败仗"，"吴佩孚来了，入农会的要杀头"，还说什么"农民协会填志愿书就是准备将来三丁抽一，五丁抽二，抽去当兵的"，用以恐吓农民，阻止农民入会。面对谣言，各级农会采用出布告、发传单、印画报、开大会等方式，对反革命的宣传进行了坚决的驳斥和揭露。②

四、农　民　诸　禁

从清末开始，政府就三令五申禁烟。到了民国初期，军阀统治之下，禁烟局就是卖烟局。贪官污吏、土豪劣绅哪怕拿着烟枪躺在十字街头，也没有人问，被查处罚的尽是一些小烟鬼和没有势力的。湖南自赵恒惕开禁，吸食之风甚于清末。农会发展起来后，在乡下树立了威权，农民就把他们不喜欢的事禁止或限制起来。鸦片就是禁得最严的事项之一。有农协的地方，

①《毛泽东选集》第 1 卷，人民出版社 1991 年版，第 34—35 页。

② 韶山、衡山、醴陵、长沙工农兵党史学习班湖南省哲学社会科学研究所现代史组编：《第一次国内革命战争时期的湖南农民运动》，湖南人民出版社 1977 年版，第 43 页。

均厉行禁烟。"农会下命令缴烟枪，不敢稍违抗不缴。"①在湖南，"土豪劣绅的烟枪给农民劈尽了。区、乡农民协会议决，发现秘密吸烟的罚款、游乡……从此湖南农村谁也不敢在虎头上捉虱，再干那吞云吐雾（吸鸦片）的勾当了"②。毛泽东在《报告》中评价："农民这个'缴枪运动'，其声势不弱于北伐军对吴佩孚、孙传芳军队的缴枪。好些革命军军官家里的年尊老太爷，烟瘾极重，靠一杆'枪'救命的，都被'万岁'（劣绅讥诮农民之称）们缴了去。'万岁'们不仅禁种禁吃，还要禁运。由贵州经宝庆、湘乡、攸县、醴陵到江西去的鸦片，被拦截焚烧不少。"③但农民的禁运还是与政府发生了冲突。因为湖南省政府对鸦片收取数额庞大的特税，禁运对政府财政收入影响甚大，税收无法弥补。为此，湖南省农会不得不命令下级农会暂缓禁运，以保证北伐军饷。

鸦片之外，农会也严禁赌博。农会势盛的地方，麻雀、骨牌、纸叶子，一概禁绝。"有农村童子团挨家搜索麻雀牌及其他赌具，当场付之一炬。新年乡村旧习照例大开赌具，呼卢喝雉闹个不休；可是现在的新年娱乐，旧有的仅留下龙灯狮子，新增的却有演讲会、提灯会、群众大巡行等类，著名赌痞们也只

---

①《毛泽东选集》第 1 卷，人民出版社 1991 年版，第 36 页。

② 魏宏运主编：《中国现代史资料选编 2》，黑龙江人民出版社 1981 年版，第 570 页。

③《毛泽东选集》第 1 卷，人民出版社 1991 年版，第 36 页。

好跟大家丢手。"①经过一系列的措施，凡有农民协会的地方，鸦片与赌博基本绝迹。

除了鸦片和赌博，农民还限制很多事情，比如下列这些事项。

禁止演唱花鼓戏。

抬高轿工价格。虽然农民痛恨坐轿子的，却不能打。因为打轿子就是替阔人省钱，轿工失业是害了自己，于是他们通过抬高轿工价格惩治富人。

禁止用谷米煮酒熬糖。糟行糖行叫苦不迭。

限制每家喂猪的数目。因为猪吃去谷米。

限制甚至禁止喂鸡鸭。衡山洋塘地方限制每家只准喂养三只，福田铺地方只准喂五只。很多地方完全禁止喂鸭，因为鸭不仅吃掉谷，而且搓死禾。湘乡鸡鸭都禁止喂养，但遭到妇女反对。

禁止丰盛酒席。湘潭韶山地方议决客来吃三牲——鸡、鱼、猪。笋子、海带、南粉都禁止吃。衡山则议决吃八碗，不准多一碗。醴陵东三区只准吃五碗，北二区只准吃三荤三素，西三区禁止请春客。湘乡禁止"蛋糕席"——一种并不丰盛的席面。湘乡的嘉谟镇实行不吃好饮食，用果品祭祖。

禁止杀牛。牛是农民的宝贝。农民没有权力时，没有实力去禁止，只能用宗教观念反对杀牛，"杀牛的来生变牛"。农会起来

① 人民出版社编：《第一次国内革命战争时期的农民运动资料》，人民出版社1983年版，第384页。

后，农民禁止城里杀牛。湘潭城内从前有六家牛肉店，现在倒了五家，剩下一家是杀病牛和废牛的。衡山全县禁绝了杀牛。一个农民有一头牛跌脱了脚，都要经过农会同意才敢杀。株洲商会冒失地杀了一头牛，农民上街问罪，罚钱之外，放爆竹赔礼。

禁止游民生活。如打春、赞土地、打莲花落等，醴陵议决禁止。其他各县有禁止的，也有自然消灭没人干这些事的。醴陵平时非常凶的流民，现在也只得屈服于农会之下。韶山与神庙平时聚集的流民，在农会起来后也悄悄地走了。拜年的陋俗也被禁止。

此外，各地还有一些小禁令，如醴陵禁傩神游香，禁买南货斋果送情，禁中元烧衣包，禁新春贴瑞签；湘乡的谷水禁地方水烟；二都禁放鞭炮和三眼铳；七都和二十都禁做道场；十八都禁送奠仪。

农民诸禁，无论何人，不敢违犯，因为他们不受贿，不讲情。①湖南全省乡村开展了扫除封建恶习，改造社会风俗的斗争。农村中出现夜不闭户、道不拾遗的新风气。②正如时人所言，"人民所梦想的夜不闭户、道不拾遗，湖南农民是一步紧一步的向这个现象走的"③。

① 《农民运动与国民革命》，《湖南民报》1927 年 3 月 15 日。
② 中共湖南省委党史研究室：《中国共产党湖南历史·第 1 卷(1921—1949)》上，湖南人民出版社 2008 年版，第 178—179 页。
③ 《湖南历史资料》编辑室编：《湖南历史资料》(1981 年第 1 辑)，湖南人民出版社 1981 年版，第 148 页。

在毛泽东看来，农民的这些禁令，有两个重要意义。一是对社会恶习的反抗，如禁牌赌、鸦片等。他认为这些恶习是跟随地主阶级恶劣政治环境来的，地主权力既倒，这些东西也跟着扫光。二是对城市商人剥削的自卫，如禁吃酒席、禁买南货斋果送情等因为工业品特贵，农产品特贱，农民极为贫困，受商人剥削厉害，不得不提倡节俭，借以自卫。而阻谷出境，是因为贫农自己粮食不够吃，还要在市场上买，所以希望控制粮食价格不要上涨。这些禁令都是源于农民贫困和城乡矛盾，而农村合作社的建立将有助于缓解这些问题。

五、清　匪

曾有学者依据《大公报》（长沙版）、《民国日报》（汉口版）、《湖南民报》等报刊资料，对 20 世纪 20 年代的湖南匪情作过专门研究。这一时期，湖南匪患最严重的区域是湘西的沅陵、辰溪、靖州、芷江、泸溪、宝靖、石门、临澧等县，其次是湘南的宁远、安仁、桂东等县。而攸县是湘东匪患最严重的县，安化、耒阳也有土匪时常出没。匪患严重的地区大多是农民运动很不发达或还没有兴起的地区。《战士》周报曾这样评价匪患严重的泸溪——"对于外界政治，素不过问，而且因为交通不便，亦无外界新潮的输入"。除了公认的生计问题、民风、环境、历史传统等因素外，民国初期"历次北军在湖南和地方军队的冲突，翻来覆去，战区总在岳长潭一带"①，由此产生的大批溃兵，也是湖南土匪猖獗的重要原因。尽管大多数土匪原本是农民，但他们仍然把一般农民而非士绅、商人作为主要的侵害对象。

但是，随着农会势力的发展，土匪连影子都不见了，哪怕是从前土匪很多的地方，许多地方甚至连小偷都没有了。对此，毛泽东在《报告》中分析了原因，"一是农会会员漫山遍野，梭镖短棍一呼百应，土匪无处藏踪。二是农民运动起后，谷子价廉，去春每担六元的，去冬只二元，民食问题不如从前那样严重。三是会党加入了农会，在农会里公开地合法地逞英雄，吐怨气，'山、堂、香、水'的秘密组织，没有存在的必要了。杀猪宰羊，重捐重罚，对压迫他们的土豪劣绅阶级出气也出够了。四是各军大招兵，'不逞之徒'去了许多。因此，农运一起，匪患告绝。"对于这一变化，连士绅富户们也会认为"有一点点好处"。②

在农民运动发达的湘中、湘南，土匪难找到藏身之所，只能往农民运动相对落后处流窜。只要农民问题没有从制度上和实际上得到根本解决，普通农民一旦无法生存，就可能沦为匪，转而继续劫掠农民的怪圈就会一直存在。③1927 年，国民党陈树人提出剿匪两法："剿匪分治标和治本两法。治本办法，是解

---

① 邵雍等：《中国近代土匪史》，合肥工业大学出版社 2012 年版，第 275 页。

②《毛泽东选集》第 1 卷，人民出版社 1991 年版，第 38—39 页。

③ 刘永生：《北伐时期湖南土匪研究》，《兰州学刊》2010 年第 3 期，第 195—199，70 页。

决人民生活。治标办法，是编练军队剿匪。"[1]而湖南农民运动，恰恰是通过平粜阻禁、减压减租减息和查处豪绅逆产浮财等方式，在很大程度上减轻了农民的生活负担，实现了剿匪治本的目标。

---

[1] 邵雍等:《中国近代土匪史》，合肥工业大学出版社 2012 年版，第 279 页。

第十章　农民运动的十四件大事（下）

一、废除苛捐

"全国未统一，帝国主义军阀势力未推翻，农民对政府税捐的繁重负担。"[1]此处所说的政府税捐，大致由田赋及其附加税、差役徭役、杂税、杂捐和村费构成。民国初期，田赋改征银元，但征收时，每正银一两，折征银元数量，远超过其所能折合的银元数量，比如有地方地丁钱粮正银一两，折征银元二元三角，而实际二元三角合银一两六钱五分六，无形中地丁每两多征六钱五分六。且田赋附加等，也被并入正赋征收，农民负担继续加重。杂税杂捐方面，对农民影响比较大的牙税、契税和屠宰税等，征收时也存在与田赋征收类似的变相加税的现象。至于村费，甚至被认为是近代赋税费征收的"黑洞"。[2]回顾国民政府征收的苛捐杂税，此时的田赋正税已较晚清提高了数倍，而田赋附加更是泛滥到十分严重的程度。据不完全统计，

①《毛泽东选集》第 1 卷，人民出版社 1991 年版，第 39 页。
② 侯建新主编：《经济-社会史评论》第 2 辑，生活·读书·新知三联书店2006 年版，第 98—103 页。

全国 25 个省份共计 673 种，平均每省 26 种。田赋附加税率往往超过正赋数倍，至于名目则多种多样，教育捐、公安亩捐、自治亩捐、积谷亩捐、党部民众捐、警察队经费、教育特捐、师范经费、防务费、区经费、乡镇经费、村制费、公益费、开河经费、建闸费、修志费、国省选举费等。[①]

　　北洋时期，地方对农业税任意截留和额外追加、预征，并有权决定对农村任意征税、摊款、抓差，以此加强地方军阀割据的经济实力。军阀赵恒惕统治湖南的 6 年中，全省财政月收入不过 40 万元，但军政费用高达百万。为维持统治，政府横征暴敛。一方面强收田赋附加和预征田赋。1920 年，湖南全省田赋 360.49 万元，至赵恒惕主政后，军事特捐、团防捐、警捐、亩捐等田赋附加超过 1000 万元。至 1925 年，平均计算政府已经预征田赋 3 年有余。另一方面增收苛捐杂税。特别是厘金制度，据李维汉统计，当时每年征收厘金在 320 万元以上，另有屠宰、烟酒、土硝税百万以上，牙贴税等近百万，米捐、米照漏税近千万，盐税附加 300 多万元。此外，政府还滥发公债等。为弥补军阀混战造成的财政赤字，1921 年至 1925 年，政府先后发行各类公债库券 2700 余万元。[②]

　　至 1926 年，湖南省田赋正供虽然不是很重，但是田赋附

　　① 中央财经大学中国财政史研究所编：《财政史研究》第 3 辑，中国财政经济出版社 2010 年版，第 134—136 页。

　　② 中共湖南省委党史研究室：《中国共产党湖南历史·第一卷（1921—1949）》上，湖南人民出版社 2008 年版，第 128 页。

加很重，远远超过正供。在湖南省第一次农民代表大会上，各地代表报告称，茶陵附加超过正供一倍；宁乡武冈附加超出正供两倍；湘阴每两正供连附加共九元；长沙每两附加三元六角；常德每两附加四元八角；衡阳每两附加大约十元；祁阳每两附加十八元；宜章每两附加最高达三十六元。即便是由农协决议减轻的衡山，其附加每亩仍有二角八分七厘。[①]此外，亩捐摊派、厘金征收等，也让农民深受其害，极难负担。政府的横征暴敛加剧了湖南农民经济的破产，农民生活愈发困苦不堪。尽管"革命军的军费负担，还是没有法子解除"，但苛捐"因农民运动的兴起、土豪劣绅的倒塌"而减轻或取消，仍是"农民协会的功绩之一"。[②]

二、文 化 运 动

民国初期，湖南省教育经费主要来自盐税附加，县教育经费主要出自田赋附加，乡村教育经费则出自河捐、猪捐、牛捐、窑捐、屠捐、竹木捐、鱼捐和蛋捐等。这些经费或直接或间接，都是从农民身上剥削而来的。尽管农民负担了教育经费，却鲜少有接受教育的机会。尽管20世纪初的中国在加速教育体制的转型，但新式学校教育主要集中在城市，留在农村的学校很少。

---

①《湖南历史资料》编辑室编：《湖南历史资料》（1980年第2辑），湖南人民出版社1980年版，第20页。

②《毛泽东选集》第1卷，人民出版社1991年版，第39页。

可以说，此时的新式教育发展与中国人口以农民为主的现状是完全脱节的。"乡村小学校的教材，完全说些城里的东西，不合农村的需要。小学教师对待农民的态度又非常之不好，不但不是农民的帮助者，反而变成了农民所讨厌的人。"[①]

新式教育在乡村无法确立，旧式教育在乡村又几乎处于失能状态。私塾里仍然以四书五经做教本，宣传封建思想。但私塾尚且能教几个字，私塾老师也能帮农民写书信、文书等，能够满足农民的日常所需，"故农民宁欢迎私塾（他们叫'汉学'），不欢迎学校（他们叫'洋学'），宁欢迎私塾老师，不欢迎小学教员。"[②]而此时，乡村文化还遭受着西方文化的逐步侵蚀，"教会学校之发达，中国恐当推湖南为首"[③]，可以说，湖南乡村文化教育危机重重。

农村教育水平低下，就是农民运动兴起时所面对的现实问题。毛泽东在韶山休养期间，就以普及平民教育为由，利用原有族校，开办了二十多所农民夜校，希望通过识字传播新文化思想，从而启发农民觉悟，唤起农民的革命精神。韶山陈列馆资料记载，夜校老师在讲"手""脚"二字时讲到，人人都有手和脚，农民的手脚一年到头不停地劳动，可吃不饱、穿不暖；地主有手不劳动，可吃鱼肉，穿绸绫，有脚不走路，出门还要

---

①《毛泽东选集》第 1 卷，人民出版社 1991 年版，第 40 页。

②《毛泽东选集》第 1 卷，人民出版社 1991 年版，第 40 页。

③ 中共湖南省委党史研究室：《中国共产党湖南历史·第一卷（1921—1949）》上，湖南人民出版社 2008 年版，第 151 页。

坐轿子，这原因在哪里？这种授课方式，让农民认识到现实社会的不合理，农民进夜校的积极性也越来越高。一向不欢迎学校的农民们，开始努力办夜校，"名之曰农民学校"，平均每乡有一所。办学经费"提取迷信公款、祠堂公款及其他闲公闲产"，农民的文化水平得以迅速提高。毛泽东对此评价，农会办教育，"不若知识阶级和所谓'教育家'者流，空唤'普及教育'，唤来唤去还是一句废话"。①

在夜校学习之余，农民也开始反抗文化侵略。尤其是北伐军进入湖南后，在农会的领导下，农民逐渐成为反对文化侵略的主力军。"农村里地主势力一倒，农民的文化运动便开始了。"②1926年11月初，浏阳修善中学学生自治会要求"取消圣经课，增设三民主义课程"，"校长聘用中国人"，"学校无权干涉学生的政治活动"，学校当局企图用强硬手段进行压制。在浏阳县农协的组织下，城郊几千农民愤怒涌进学校质问，吓得英籍校长慌忙逃离。12月初，长沙成智中学、成智小学学生提出将圣经课改授三民主义、公开学校财政、学生参与校务会议等要求。雅礼中学和大学、雅各中学和小学、三一女校、遵道学校等纷纷响应。12月14日，省学联、省教职员联合会、国民党省党部和长沙市党部等团体代表600余人集会，宣布成立湖南反文化侵略大同盟，国民党省党部青年部部长、共产党员周以栗被推举

---

① 《毛泽东选集》第1卷，人民出版社1991年版，第40页。
② 《毛泽东选集》第1卷，人民出版社1991年版，第39—40页。

为执委会主席。12 月 23 日，国民党湘潭县党部、县总工会、农协、商协、学联和女界联合会，共同发起成立"反文化侵略大同盟"，联合向各界发出函告："文化侵略为帝国主义侵略最为阴险之政策，吾人于反抗帝国主义武力侵略、政治侵略、经济侵略中，于文化侵略尤应力于攻击"。①

还应认识到，农村的文化运动，离不开中共为普及政治宣传所作出的努力。邓中夏在论述农民政略与方法时就曾提出，应"设法设立或参加农村学校和书报社，作农民之识字运动，由此把农民间的文化提高"②。毕竟文字宣传所包含的深刻内容，需要宣传对象农民具备一定的文化水平才能见效。

三、合作社运动

1926 年，毛泽东主持广东第六届农民运动讲习所时曾开设"农村合作社概论"课程，讲授合作社的设立意义和原则。至 12 月，湖南省第一次农民代表大会通过《农村合作社问题决议案》，对大革命时期的合作社运动作出完整的论述。该议案将合作社界定为"互相扶持、互相救济，以排除互相的不利，而增进互相的利益的组织"，并阐述了合作社信用、贩卖、消费、生产、购买和利用等六大作用，确定了合作社设立的原则、目的

---

① 中共湖南省委党史研究室：《中国共产党湖南历史·第一卷（1921—1949）》上，湖南人民出版社 2008 年版，第 151 页。

② 邓中夏：《邓中夏文集》上，人民出版社 1983 年版，第 70 页。

与意义。该议案还提出急需解决农民抵制高利贷、免除农产品价格过低、免除日用货物价格过高的问题，因此，组织这三种合作社最为迫切。

湖南民间长期盛行的高租重利，也是合作社得以大规模实践的重要原因。前文曾经详细叙述湖南的高地租、高利息，这使得农民普遍希望摆脱地主阶级高租重利的盘剥。毛泽东在考察湖南农民运动期间，也多次与人谈及合作社问题。"合作社，特别是消费、贩卖、信用三种合作社，确是农民所需要的。他们买进货物要受商人的剥削，卖出农产要受商人的勒抑，钱米借贷要受重利盘剥者的剥削，他们很迫切地要解决这三个问题。"①合作社办起来后，穷人就不必进当铺了。他鼓励基层大胆试验、积累经验，先试试，再完善。在《报告》中，他还用 1926 年冬天的事例说明合作社对农民生产生活的重要性，指出："假如有适当的指导，合作社运动可以随农会的发展而发展到各地。"②

1927 年初，湖南农民亟须解决春耕的土地、资金短缺和肥料农具不足的问题，而此时唐生智回到湖南也表示要支持创办合作社，加上湖南第一次农民代表大会通过的《农民合作社问题决议案》的广泛宣传、毛泽东对湖南农民运动的指导等，合作社运动在诸多因素综合作用下，在湖南农村轰轰烈烈地推广开来。

---

① 中共中央党史和文献研究院、中央档案馆编：《中国共产党重要文献汇编》第 10 卷，人民出版社 2022 年版，第 310 页。

②《毛泽东选集》第 1 卷，人民出版社 1991 年版，第 41 页。

在共产党的领导下，农民协会成立了各种各样的互助合作组织。

1926年10月12日，在共产党的领导下，衡山县柴山洲特别区第一农民银行成立。这是共产党领导下的农协成立的第一家银行，其宗旨是"拥护无产阶级，维持生活，扶植生产"。农民银行专门解决农村利息过高、农民资金困难和借贷无门等困难，还为消费合作社提供贷款。同年秋，衡阳县创办衡阳农民银行，发行纸币，平衡通货。随后，浏阳成立的"浏东平民银行"实力更大。"浏东平民银行"以"制止高利借贷，提倡农民储蓄，活泼地方金融，增进农工生活"为宗旨，替代当地公钱局、商钱局发行纸币，并以平民银行信用券占领市场，确保买卖公平，对当地农副产品生产发展起到了重要作用。生产和消费合作社解决了农民急需解决的生产生活问题，其经营范围以生活物资为主，如油、盐、百货、布匹、药材等，商品价格比一般的便宜，也有实行平买平卖的。[①]

各种合作社的创办，对活跃农村金融、方便信贷、限制中间剥削和高利贷盘剥，均有积极作用。合作社这种互帮互助的方式，更是迎合了农村广大农民的传统心理，因此能在特定形势下应声而起。合作社创办热潮与湖南农民运动的高涨互相推动，进一步巩固了农民运动的群众基础。

---

① 中国革命博物馆党史研究室编：《党史研究资料》第4集，四川人民出版社1983年版，第375页。

四、修道路修塘坝

在与土豪劣绅进行斗争的同时，农会也会着手从事经济建设。湖南农民协会办过的三件事——修塘坝、筑道路、垦荒地，就连"土豪劣绅也背着在啧啧称赞"。[1]村里的塘坝壅塞了，以前地主是不肯花钱修的，他们毫不考虑佃农的生计，只管自己收租。有了农会以后，农会"可以不客气地发命令强迫地主修塘坝"。如果地主不肯修，农会便会下令开挖，待工程完工后再与地主们交涉，要求他们出费用。乡村道路也是如此，农会发命令，"按照路径所宜，分等定出宽狭，勒令沿路地主，各修一段。"[2]很多原本的羊肠小道变成一丈多宽的大路，增加了农村往来便利。还有《报告》中没有提到的开垦荒地。原本荒地由地主把持荒废不用，农会出面租借，交由会员们开垦，在一定程度上解决了贫农们失业或入不敷出的问题。尽管这些事情并非出于地主的主动意愿，是农会强迫地主们出钱出谷出借，但这种强迫所有人都能从中得到好处，包括地主们。

修塘坝、筑道路、垦荒地，做这些事情的都是贫农。这是区、乡农民协会安置贫农的方法。因为贫农有了安置，农村偷盗案件也就减少了，虽未真正达到夜不闭户、道不拾遗的程度，但湖南农村的社会治安环境则一步步好转起来了。

---

① 《湖南历史资料》编辑室编：《湖南历史资料》（1981 年第 1 辑），湖南人民出版社 1981 年版，第 147 页。

② 《毛泽东选集》第 1 卷，人民出版社 1991 年版，第 41 页。

第十一章　《湖南农民运动考察报告》
对马克思主义中国化的时代意义

一、丰富和发展了马克思主义关于农民问题的理论

中国是一个传统的农业社会，农民问题是中国最突出的国情，如何正确看待农民问题，自然就成为了中国革命极为关键的问题。

毛泽东对农民问题的认识，与其紧密联系中国实际、运用马克思主义理论深入调查研究中国农民问题分不开。1923年，中国共产党第三次代表大会第一次讨论农民问题。当时大家都认为城市才是革命的中心，但许多城市暴动却以失败告终。这令毛泽东开始反思"城市中心论"，开始尝试寻找中国革命的新出路。1925年，毛泽东回韶山养病，他广泛接触农民，了解农民的政治经济情况和他们对革命的态度，并动员农民组织成立农民协会，与地主军阀、土豪劣绅展开了斗争。1926年，毛泽东指出："我们过多地注意了城市而忽略了

农民。"①同年，他主持了第六届广州农民运动讲习所的工作，开设中国的农民问题课程，分析中国革命和农民问题。在授课时，毛泽东指出了以往革命党人没有注意研究农民问题，辛亥革命、五卅运动之所以失败，就是由于没有得到三万万两千万农民的拥护。②毛泽东还组织编印了一套《农民问题丛刊》，在 1926 年第一辑出版时写下题为《国民革命与农民运动》的序言，指出："农民问题乃国民革命的中心问题。"

这一时期，毛泽东对农民问题的认识，在《中国社会各阶级的分析》《中国农民中各阶级的分析及其对于革命的态度》《国民革命与农民运动》等一系列著作中得到充分的反映。《中国社会各阶级的分析》从总体上描述各阶级的社会地位和历史作用，《中国农民中各阶级的分析及其对于革命的态度》则详细分析了农民中的各个阶层对革命的态度，并强调了贫农的革命作用，为中国共产党正确认识农民在民主革命中的地位和作用，正确制定农民政策奠定了理论基础。《国民革命与农民运动》指出："农民运动不赶速地做起来，农民问题不会解决；农民问题不在现在的革命运动中得到相当的解决，农民不会拥护这个革命。"③

在考察湖南农民运动后，毛泽东对中国农民问题的认识进一

①〔美〕R. 特里尔：《毛泽东传》，刘路新等译，河北人民出版社 1989 年版，第 92 页。

② 中央档案馆国家档案局编：《100 个档案故事讲述党的历史》，党建读物出版社 2021 年版，第 28 页。

③《毛泽东文集》第 1 卷，人民出版社 1993 年版，第 37 页。

步深化。他在给中共中央的报告中明确指出："农民问题只是一个贫农问题，而贫农的问题有二个，即资本问题与土地问题。这两个都已经不是宣传的问题而是要立即实行的问题了。"①在《报告》中，他全面且深刻地分析了中国农民问题和农民运动，充分地肯定了农民在中国革命中的地位和作用，再次强调"农民问题乃国民革命的中心问题"。他指出，农村中占人口百分之七十的贫农，是农民协会的中坚力量，是打倒封建势力的先锋，也是成就那么多年未曾成就的革命大业的元勋，还指出了农民问题的实质是土地问题，共产党"对农民应该领导他们极力做政治斗争，期于彻底推翻地主权力"，"并随即开始经济斗争，期于根本解决贫农的土地及其他经济问题。"在《报告》中，他还澄清了各方对于农民运动的错误认识，具体分析了富农、中农、贫农对革命的态度，提出要依靠贫农、团结中农的阶级路线。

以毛泽东同志为主要代表的中国共产党人，在大革命时期对农民问题的理论探索，不仅丰富和发展了马克思主义关于农民问题的理论，也对湖南乃至全国各地农民运动的开展，并为后来的土地革命兴起，提供了具体的理论与实践的指导作用。

二、丰富和发展了马克思主义关于革命问题的理论

在《国民革命与农民运动》一文中，毛泽东认为，"农民

---

① 中共中央党史和文献研究院、中央档案馆编：《中国共产党重要文献汇编》第 10 卷，人民出版社 2022 年版，第 61 页。

问题乃国民革命的中心问题,农民不起来参加并拥护国民革命,国民革命不会成功",并分析了地主阶级及其与军阀势力的关系,他提出,宗法封建的地主阶级特权,要靠农民从乡村中奋起打倒,"乡村的农民,则一起来便碰着那土豪劣绅大地主几千年来持以压榨农民的政权(这个地主政权即军阀政权的真正基础),非推翻这个压榨的政权,便不能有农民的地位,这是现时中国农民运动的一个最大的特色。"①

此后,通过对湖南农民运动的考察,毛泽东看到了中国农民中所蕴蓄的革命力量,认识到动员组织农民参加革命、组织农民武装、建立革命政权的极端重要性。因此,在《报告》中,毛泽东更直接指出,所谓国民革命运动,其大部分即是农民运动,"宗法封建性的土豪劣绅,不法地主阶级,是几千年专制政治的基础,帝国主义、军阀、贪官污吏的墙角。打翻这个封建势力,乃是国民革命的真正目标"。几万万农民组织起来,"其势如暴风骤雨,迅猛异常,无论什么大的力量都将压抑不住。他们将冲决一切束缚他们的罗网,朝着解放的路上迅跑。一切帝国主义、军阀、贪官污吏、土豪劣绅,都将被他们葬入坟墓"。《报告》提到了农民政权问题和农民武装问题,指出"农村革命是农民阶级推翻封建地主阶级的权力的革命",他充分肯定了农民打倒都团,从地主手里夺取武装的革命行动,认为要推翻地主的政权,实现"一切权力归农会",必须建立农民武装,这是

---

① 《毛泽东文集》第 1 卷,人民出版社 1993 年版,第 37、41 页。

"枪杆子里面出政权"的雏形。①

近代中国长期处于半殖民地半封建社会，资本主义发展规模有限，因此，工人阶级数量并不庞大，毛泽东认识到农民是中国革命的主要力量。在《报告》中，毛泽东通过分析农村各阶层的地位和在革命中的表现，提出了中国共产党在农村革命中依靠贫农、团结中农的阶级路线，贫农的革命性最强，"没有贫农阶级，决不能造成现时乡村的革命状态，决不能打倒土豪劣绅"。

针对革命的领导权问题，相较于党内一些同志不敢支持和领导农民运动，毛泽东旗帜鲜明地指出，一切革命的党派、革命的同志要敢于掌握农民运动领导权，而不是站在后面批评甚至反对农民运动。

《报告》是毛泽东深入农村实地调研，创造性运用马克思主义基本原理分析中国革命实际的产物。在《报告》中，毛泽东对农民运动的关注，侧重于对其进行理论分析和总结，体现了他对农民运动的深刻认识与思考。他在分析农民运动必要性和重要性的基础上，提出了对待农民运动应有的科学态度，将农民运动置于国民革命中进行考察，这成为毛泽东探索中国革命道路方向和动力的基础。在《报告》中，毛泽东总结了农民运动的功绩，赞扬了农民的革命先锋精神，肯定了农民运动的革命性及其在国民革命中的作用，认识到了农民力量对于推翻

①《毛泽东文集》第 1 卷，人民出版社 1993 年版，第 13—14、17 页。

农村封建统治、构建农村新的社会秩序的重要意义，并且初步认识到了建立农民政权的必要性和重要性，强调要在农村建立革命武装，为后来成功开辟农村包围城市、武装夺取政权的革命道路，形成新民主主义革命的理论乃至毛泽东思想的形成，奠定了一定的基础。在《报告》中，毛泽东也解决了无产阶级应该如何正确对待农民这个最主要同盟军的重大原则问题，丰富和发展了马克思列宁主义关于工农联盟的力量，成为无产阶级及其政党领导农民革命斗争的纲领性文件。

对湖南农民运动的考察，令毛泽东清楚地认识到中国革命的中心在农村，1927 年 9 月他领导了秋收起义，并带领起义部队在井冈山开创了第一个农村革命根据地，揭开了中国革命崭新的一页，最终创造性地开辟出一条农村包围城市、武装夺取政权的中国特色革命新道路。

三、丰富和发展了马克思主义关于调查研究的理论

实践是认识的来源，也是检验真理的唯一标准。"没有调查就没有发言权。"

调查研究是理论与实践相结合的桥梁，是马克思主义基本原理与中国具体实际相结合的重要环节。毛泽东积极倡导调查研究，并身体力行。1920 年 3 月，毛泽东就曾在致周世钊的信中提道："吾人如果要在现今的世界稍为尽一点力，当然脱不开

'中国'这个地盘。关于这地盘内的情形，似不可不加以实地的调查及研究。"可以看出，毛泽东很早就对调查研究非常重视。

大革命时期，毛泽东十分重视农村调查。1925年2月，毛泽东回韶山养病。于是，他利用这一机会在韶山进行社会调查，同各类人士接触、交谈，了解了韶山附近农民的生产、生活情况。1926年5月，毛泽东在主持广州农民运动讲习所时，曾主持拟定租率、田赋、地主来源、主佃关系、抗租减租、农村组织状况、农民观念、民歌等36个项目引导学生做调查，并要求学生把家乡的情况，按调查项目填写。9月1日，毛泽东为《农民问题丛刊》写序言时，深感研究农民问题的材料缺乏，希望在不久的时期内，"从各地的实际工作实际考察中引出一个详细的具体的全国的调查来"[①]。这些关于农村调查的具体实践、问题选择与行动倡导，为农民运动调查奠定了基础。

毛泽东对湖南农民运动的考察，尝试将马克思主义基本原理与中国具体实际相结合，通过实地调研，运用了马克思主义阶级分析的方法，探讨了中国革命的依靠力量、同盟军等关键问题。在考察过程中，他创造性地运用马克思主义基本原理分析和解决中国实际问题，并在此过程中推动了马克思主义在中国的创新与发展，推进了马克思主义中国化的历史进程。

在《报告》中，我们可以看到贯穿于调查研究的始终是实

[①] 中共中央文献研究室编：《毛泽东年谱（1893—1949）》上卷，中央文献出版社2013年版，第54、167页。

事求是、群众路线和独立自主这一毛泽东思想活的灵魂。

《报告》体现了实事求是这一马克思主义的根本观点。毛泽东对湖南农民运动的考察，坚持一切从实际出发，历时 32 天行程 700 多公里，亲身了解地方农村的政治、经济、文化等方面的情况，掌握了大量材料，既有直接的一手材料也有间接材料，既有正面材料也有反面材料。他根据材料研究农民运动，并做到了具体问题具体分析，从而对农民阶级有了更加深入的认识，对中国革命作出了科学的分析和预见。

《报告》也是毛泽东独立自主思考中国革命道路的一次重要实践。考察的起因，是毛泽东独立自主地探寻农民运动的真相；考察的结论，是毛泽东独立自主根据农民运动实践做出的思考和判断。

《报告》更是贯彻群众路线的典范。毛泽东发动群众、组织群众、依靠群众的思想在《报告》中有了雏形。在调查过程中，毛泽东坚持从群众中来，到群众中去，拉近了与人民群众之间的距离。正如他所强调的"在我党的一切实际工作中，凡属正确的领导，必须是从群众中来，到群众中去"①。

在大革命时期，毛泽东对湖南农民运动的调查实践，是深入考察中国农村社会的开端，推动解决了中国革命的现实问题。通过实地调查，毛泽东掌握了大量第一手材料，最终在《报告》中以真实又具体的事例，记录了湖南农民争取自身权益的革命

---

① 《毛泽东选集》第 3 卷，人民出版社 1991 年版，第 899 页。

实践，阐述了自己对湖南农民运动的认识和看法，澄清了当时各种对农民运动的非议，了解了农村革命力量的发展情况，为党在农村开展革命工作提供了指导。他通过调查研究总结实践经验，不但丰富和发展了马克思主义调查研究理论，也为全党调查研究工作作出了开创性、引领性的贡献。正如毛泽东所言，中国共产党对农民问题的认识，是经过了十几年的农村工作和调查得出来的，是运用马克思主义的方法来看待农民问题得出来的。

第十二章 《湖南农民运动考察报告》
对新时代中国特色社会主义的意义

一、新时代中国特色社会主义仍然要高度重视"三农"问题

中国是农业大国，这一基本国情决定了无论是进行革命、建设还是改革，农村、农业和农民的问题都是事关全局的重大问题。

大革命时期，毛泽东在对中国农民地位及作用的认识的基础上，提出了农民是中国革命的主力军，因此农民问题就是中国革命的基本问题，农民则是中国革命的主要力量。从《报告》来看，这种力量来自农民的组织、农民的武装、农民的权利，来自党领导下在农村开展的政治宣传和文化运动。而毛泽东在《报告》中记录的十四件大事，既是农民革命的内容，也是农村建设的重点。通过农会将农民组织起来，建立农民武装，建设廉洁政府，破除迷信与神权，普及政治宣传，严禁牌、赌、鸦片，办农民学校，建立合作社，修道路、修塘坝等，实际上已

涉及农村的政治建设、经济建设、文化建设和社会建设等诸多方面。毛泽东认为，农民革命可以实现农村制度变革，改良农村社会风气，提升农民文化素养，促进农村政治、经济、文化、社会的发展。

中国特色社会主义进入新时代，新农村建设已经取得了亮眼的成绩，农民生活水平也大大提高，但全面建设社会主义现代化国家，最艰巨最繁重的任务仍然在农村。我们可以清楚地看到城乡之间在基础设施、教育、医疗等方面的差距依然存在。如何缩小城乡之间的差距，使全面建成小康社会在农村早日成为现实；如何促进农村政治、经济、文化、社会、生态文明建设协同发展，都是新时代乡村振兴亟待解决的问题。

近年来，随着城市化进程的发展，农民数量占总人口的比例逐步降低，但绝对数量仍然很大。无论是在革命时期，还是建设时期、改革时期，农民都作出了巨大的贡献。新时代乡村振兴的主体是广大农民，因此，必须尊重农民的主体地位，切实维护好农民群众的根本利益，把农民组织起来，充分调动农民的积极性、主动性和创造性，为新时代乡村振兴贡献智慧和力量，使中国特色社会主义建设发展成果惠及更广泛的人民群众。

党的十九大报告基于我国社会现阶段发展的实际需要把乡村振兴战略作为党和国家重大战略。乡村振兴战略的总体要求就是坚持农村优先发展，按照实现产业兴旺、生态宜居、乡风文明、治理有效、生活富裕的总要求，推动城乡一体、融合发展、推进农业农村现代化。这既是我国全面建设社会主义现代化国家，迈向社会主义现代化强国的需要，也是中国特色社会主义进入新时代的客观要求。乡村振兴既关系到我国是否能从根本上解决城乡差别、乡村发展不平衡不充分的问题，也关系到中国整体发展是否均衡，是否能实现城乡统筹、城乡一体的可持续发展的问题。乡村不发展，中国就不可能真正发展；乡土文化得不到重构与弘扬，中华优秀传统文化就不可能得到真正的弘扬。自 1982 年至 1986 年连续五年，中央一号文件都聚焦"三农"问题。此后，2004 年至 2025 年，连续 22 年的中央一号文件持续聚焦"三农"问题（表 12.1），足以体现中国特色社会主义建设始终把"三农"问题放在极为重要的地位。因此，中国特色社会主义新时代，在以中国式现代化全面推进中华民族伟大复兴的新征程上，"三农"问题仍然具有极其重要的意义，必须继续加以重视并切实解决。

表 12.1　改革开放以来聚焦"三农"问题的中央一号文件

年份	文件名称
1982	《全国农村工作会议纪要》
1983	《当前农村经济政策的若干问题》
1984	《关于 1984 年农村工作的通知》
1985	《关于进一步活跃农村经济的十项政策》
1986	《关于 1986 年农村工作的部署》
2004	《中共中央国务院关于促进农民增加收入若干政策的意见》
2005	《中共中央国务院关于进一步加强农村工作提高农业综合生产能力若干政策的意见》
2006	《中共中央国务院关于推进社会主义新农村建设的若干意见》

续表

年份	文件名称
2007	《中共中央国务院关于积极发展现代农业扎实推进社会主义新农村建设的若干意见》
2008	《中共中央国务院关于切实加强农业基础建设进一步促进农业发展农民增收的若干意见》
2009	《中共中央国务院关于2009年促进农业稳定发展农民持续增收的若干意见》
2010	《中共中央国务院关于加大统筹城乡发展力度进一步夯实农业农村发展基础的若干意见》
2011	《中共中央国务院关于加快水利改革发展的决定》
2012	《中共中央国务院关于加快推进农业科技创新持续增强农产品供给保障能力的若干意见》
2013	《中共中央国务院关于加快发展现代农业进一步增强农村发展活力的若干意见》
2014	《中共中央国务院关于全面深化农村改革加快推进农业现代化的若干意见》
2015	《中共中央国务院关于加大改革创新力度加快农业现代化建设的若干意见》
2016	《中共中央　国务院关于落实发展新理念加快农业现代化实现全面小康目标的若干意见》
2017	《中共中央　国务院关于深入推进农业供给侧结构性改革加快培育农业农村发展新动能的若干意见》
2018	《中共中央　国务院关于实施乡村振兴战略的意见》
2019	《中共中央　国务院关于坚持农业农村优先发展做好"三农"工作的若干意见》
2020	《中共中央　国务院关于抓好"三农"领域重点工作确保如期实现全面小康的意见》
2021	《中共中央　国务院关于全面推进乡村振兴加快农业农村现代化的意见》
2022	《中共中央　国务院关于做好2022年全面推进乡村振兴重点工作的意见》

续表

年份	文件名称
2023	《中共中央 国务院关于做好 2023 年全面推进乡村振兴重点工作的意见》
2024	《中共中央 国务院关于学习运用"千村示范、万村整治"工程经验有力有效推进乡村全面振兴的意见》
2025	《中共中央 国务院关于进一步深化农村改革 扎实推进乡村全面振兴的意见》

二、新时代中国特色社会主义依然要大力弘扬调查研究

从中国马克思主义发展进程看，调查研究始终贯穿于马克思主义中国化的历史进程之中。调查研究，既是党的传统优良作风，也是科学决策的前提和基础。调查研究是党一切从实际出发、实事求是思想路线的重要组成部分，是中国化马克思主义的鲜明特征。在领导中国人民进行的革命、建设、改革的实践中，中国共产党始终把调查研究放在重要位置，通过调查研究不断解决实际问题。以毛泽东同志为主要代表的中国共产党人，通过调查研究，正确认识中国国情，深刻回答了中国革命的基本问题，为中国革命指明了前进的道路。在中国特色社会主义建设事业中，也正是通过不断深入的调查研究，持续丰富中国化的马克思主义理论，并以此指导建设实践。

新时代中国社会发生了巨大的变化，恰逢世界处于百年未

有之大变局，在新的历史条件下，坚持开展调查研究，有助于进一步了解社会实际，解决新问题，探索新规律，主动面对新时代中国特色社会主义建设面临的机遇和挑战，继续推进马克思主义中国化时代化的发展，将新时代中国特色社会主义事业不断推向前进。

党的十八大以来，面对纷繁复杂的国际国内形势和艰巨的发展改革任务，以习近平同志为核心的党中央继承和发扬了调查研究这一党的优良传统，将其作为治国理政、管党治党的重要工作方法，推动全党大兴调查研究之风。2012 年 12 月，中共中央政治局会议审议通过关于改进工作作风、密切联系群众的八项规定，第一项就是要改进调查研究，到基层调研要深入了解真实情况，总结经验、研究问题、解决困难、指导工作，向群众学习、向实践学习。

党的二十大报告指出："党员干部特别是领导干部带头深入调查研究，扑下身子干实事、谋实招、求实效。"①《中国共产党章程》第三十六条规定，党的各级领导干部必须坚持解放思想，实事求是，与时俱进，开拓创新，认真调查研究，能够把党的方针、政策同本地区、本部门的实际相结合，卓有成效地开展工作，讲实话，办实事，求实效。2023 年，中共中央办公厅印发的《关于在全党大兴调查研究的工作方案》提出："必须坚持问题导向，增强问题意识，敢于正视问题、善于发

---

① 《习近平著作选读》第 1 卷，人民出版社 2023 年版，第 56 页。

现问题，以解决问题为根本目的，真正把情况摸清、把问题找准、把对策提实，不断提出真正解决问题的新思路新办法。"习近平多次强调，要"按照党中央关于在全党大兴调查研究的工作方案"，"以深化调查研究推动解决发展难题"。当前，世界百年未有之大变局加速演进，不确定、难预料因素增多，国内国际各种风险挑战、困难问题比以往更加严峻复杂，迫切需要通过调查研究把握事物的本质和规律，找到破解难题的办法和路径。

"问题是时代的声音，回答并指导解决问题是理论的根本任务。"①为此，新时代调查研究仍要增强问题意识，"要大兴调查研究之风，多到分管领域的基层一线去，多到困难多、群众意见集中、工作打不开局面的地方去，体察实情、解剖麻雀，全面掌握情况，做到心中有数。"②将调查研究所得的生动鲜活的材料，运用马克思主义的世界观和方法论以及贯穿其中的立场观点方法进行思考分析，在此基础上进行科学研判，得出明确结论，提出对策建议，真正将调研成果用于指导实践，推动工作，服务发展，造福人民。这样，中国特色社会主义事业就会无往而不胜，中华民族伟大复兴就一定会到来。

---

① 《习近平著作选读》第 1 卷，人民出版社 2023 年版，第 17 页。

② 《坚持团结奋斗 贯彻落实党的二十大重大决策部署》，《人民日报》2022 年 12 月 28 日，第 1 版。

三、依靠人民群众、尊重人民群众首创精神的新时代意义

唯物史观认为，人民群众是历史的主体，是社会财富的创造者，也是社会变革的决定性力量。毛泽东深刻认识到以农民为主体的人民群众的历史作用，提出了"人民，只有人民，才是创造世界历史的动力"的著名论断。党在领导中国人民进行革命的过程中，注重组织群众、发动群众、依靠群众，确立了"全心全意为人民服务"的根本宗旨，形成了"一切为了群众，一切依靠群众，从群众中来，到群众中去"的群众路线，最终取得了革命的胜利。在社会主义建设过程中，党继续坚持群众路线，充分发挥密切联系群众的优良传统，取得社会主义建设的伟大成就。在改革开放新时期，邓小平反复强调只有尊重群众的首创精神，才能把握规律，找到符合中国实际的社会主义建设之路。他认为，人民群众具有历史主动性和创造性，是我国社会主义现代化建设事业的依靠力量，他们的实践是党的决策的基础。他在南方谈话中特别强调："农村搞家庭联产承包，这个发明权是农民的。"①

进入新时代，习近平指出："共产党做事的一个指导思想就是尊重群众首创精神。"②安徽小岗村18户农民按下的红手印，催生了家庭联产承包责任制；"枫桥经验"的成功实践，完善了

---

① 《邓小平文选》第3卷，人民出版社1993年版，第382页。
② 《"这里的山山水水、一草一木，我深有感情"——记"十四五"开局之际习近平总书记赴福建考察调研》，《人民日报》2021年3月27日第3版。

基层治理体系；网民"互助性养老"的建言，成为"十四五"规划纲要中的具体措施……植根于人民群众，坚持依靠人民群众、尊重人民群众的首创精神，在人民群众的实践创造和发展要求中完善政策主张，在发展中凝聚人民群众的智慧与力量，不断推进实践和理论创新，这是党百余年发展历程取得的宝贵经验。

正如延安陕甘宁边区革命根据地"是陕北人民用小米哺育出来的"，淮海战役"是人民用独轮小车推出来的"，改革开放"是适应人民愿望、根据群众创造搞起来的"。贯彻群众路线，尊重人民群众主体地位和首创精神，充分调动人民群众的积极性、主动性和创造性，有助于凝聚民心民智民力，在全社会最大范围内形成共识，而这将是我国进一步全面深化改革、推进中国式现代化进程中最坚实的依托、最强大的底气和最澎湃的动力。

新时代，全党只要继续贯彻群众路线，尊重人民群众的主体地位和首创精神，把人民拥护不拥护、人民赞成不赞成、人民高兴不高兴、人民答应不答应，作为衡量一切工作得失的根本标准，就能团结带领人民群众不断积蓄前进动能、释放发展活力，自信自强、守正创新，在新时代的赶考之路上继续创造新的奇迹。"只要我们始终坚持为了人民、依靠人民，尊重人民群众主体地位和首创精神，把人民群众中蕴藏着的智慧和力量充分激发出来，就一定能够不断创造出更多令人刮目相看的人间奇迹！"①因此，强国建设、民族复兴新的奇迹一定能够实现。

---

① 《习近平谈治国理政》第四卷，外文出版社 2022 年版，第 136 页。